ック派遣

人材派遣業界の闇

中沢彰吾

講談社現代新書

2314

はじめに——奴隷労働の現場

「静かにしろ！　私語厳禁だ」

やせて神経質そうな銀ぶちのメガネをかけた、長身のダークスーツ姿の若い青年の怒声が超高層ビル街の谷間に響いた。彼の前に並んだ普段着姿の中高年の男女はそれまでにこやかに世間話を楽しんでいたが、叱られた子供のように口をつぐんでうつむいた。

相手は自分たちの息子のような年齢だが、青年のご機嫌を損ねてはいけないと誰もがおどおどしていた。

二〇一四年一二月一日、西新宿にある住友ビル前の広場には異様な光景が広がっていた。小学校の朝礼よろしく整列させられた五〇〇人ほどの中高年たちを数十人の若い男女が監視している。彼らは銃や鞭こそ持たないが時折発する叱責の声は厳しく、北朝鮮の集結所（強制収容所）を彷彿とさせる光景だった。

間もなく中高年の集団は四〇階にある広大なオフィスに移動させられ、約五〇人ずつの島に分けられた。およそ一〇〇人の監視役の若者たちが島の周囲を囲んで立ち威圧的に見張る。

もののしい雰囲気の中、業務研修が始まった。マイクを持った説明役の女性が電話のかけ方をレクチャーし、その指示に従って全員で唱和する。ニコニコしているだけで口を開けていなかったりよそ見をしていたりすると監視役に目ざとく見つけられて叱られる。

私の隣に座った六二歳の男性は化学メーカーの元エンジニアで、電話でしゃべるのが苦手な人だった。一方、私は放送局でアナウンサーとして勤務したことがあり、しゃべりの専門的な訓練を受けている。彼に発声法や間の取り方、受話器の向こうの相手の気持ちをほぐす言い回しなどをアドバイスしていると、監視役の若者が間に割って入った。

「何をしている」

「いや、この方に教えてあげていたんですよ」

「指導するのは我々だ。勝手なことをするな」

彼らからわたされた薄っぺらな話し方マニュアルは素人が思いつきで書いたとしか思えない稚拙なもので役に立ちそうもない。監視役の「指導」とはそのマニュアルを読んで聞かせるだけだった。

次に隣同士での対面練習を指示された。まず右側の人が左側の人に電話をかけたという態で話しかけ、あとは交互に繰り返す。ところが私の左側の元エンジニア氏は、「あんたは訓練の必要ないじゃないか。私に練習させてくれ」と言うので、私は右側だったが聞き役になった。すると、再び同じ監視役が血相を変えてとんできた。

「指示を聞いてないのか。右側が先だ」

「どっちからでもいいでしょう。交互にやれって言ってたじゃないですか」

「右が先だと言っただろう」

どうでもいいことに、なぜこれほどこだわるのか。しかもこちらは笑顔で穏やかに接しているのに、監視役の若者たちは目を三角にして常に暴力的な命令口調だ。得体の知れない恐怖を感じ血の気が引いた。

「この方がね、たくさん練習したいとおっしゃるから……」

「文句を言うな。指示された通り右からやるんだ」

「要は全体のレベルが上がればいいんでしょうが」

「うるさい。おまえは命令に従えないのか」

大学出たてのような青二才だが、まるでコミカルな戦争映画に出てくる、ものわかりのよろしくない上官のよう。

「私は君らの奴隷じゃないよ」

その途端、青年は黙って同じ島の若者たちに手をあげて合図した。すると、若い女性がさっと近寄ってきて小さなメモを私の前に置いた。

「お話ししたいことがあります。別室に来てください」

立ち上がると強烈な視線の圧力を感じた。島を囲んでいる若者たちが全員、私を憎々しげに見つめていた。

別室には背広姿の背の高い男たちが何人も待機していた。その中の一人が、あいさつもなく無表情で言った。

「すぐに帰宅するように。もうあなたは必要ありません」

翌日と翌々日も合わせて労働契約の一方的な破棄だった。解雇理由の説明などいっさいなかった。私の他にも呼び出された人が数人いた——。

二〇一四年一二月二日公示の衆議院議員選挙に合わせた某メディアによる世論調査会場での一幕である。集められた中高年は人材派遣会社に登録した労働者だ。

派遣労働者は朝七時集合を命じられマニュアルを読まされたが、時給がカウントされたのは八時から。労働者派遣法と労働基準法では、派遣労働者が派遣先の指揮命令下に置かれる七時から賃金が発生するはずなのに……。

労働者を問答無用でクビにするのも違法ではないか。労基法では解雇事由を就業規則の絶対的必要記載事項と定めている。そして、労働契約法では、使用者が解雇権を行使する場合、就業規則上列挙されている解雇事由に該当する事実をあげ、かつ当該解雇が社会通念上相当であると認められない限り、解雇権濫用法理として、無効とされるのだが……。

近年解禁された派遣労働について、政府・厚生労働省は「特別なスキルを有し」「十分な実務能力を持った」「熟練労働者」を「労働者の希望する時間に」「適材適所で」派遣し、高度なスキルに見合った報酬と待遇が保証される、「労働者にとって有益な雇用形態」としている。

だが、それは詭弁に過ぎない。あとに詳しく記すが、製菓工場の塩素ガスがたちこめる密室で六時間にわたって「イチゴのへた取り」をさせたり、倉庫内でカッターナイフを振るう「ダンボール箱の解体」を一日中させたりする仕事のどこが「特別なスキルを生かした熟練労働」なのか。

今や人材派遣は「使いたい人数を安価に、必要最低限の時間だけ単純労働に従事させ、人事責任を負わない」という派遣先企業にとって、すこぶる好都合な制度になっている。数々の違法待遇に加えて、労働者の経験やスキル、人間性、人権をも無視した奴隷に近い労働形態が横行している。

私は過去一年間、一般人材派遣業許可を有する多くの人材派遣会社に登録して就業した。人材派遣会社や派遣先の違法行為を指摘するたびに「派遣のクズが……」と罵倒され、ほとんどの場合、即時解雇となった。

「蟻の一穴」という言葉がある。巨大な堤防も蟻が開けた微細な穴から崩れていくというたとえだ。人材派遣会社は労働者集団がおとなしければこそ、好き勝手に搾取して利益を上げられる。このため、一人の労働者の反発がまわりに伝染して多くが反抗的になることを彼らは最も恐れる。だから私のような人間は不満分子と見て早めに排除する。そこに遠慮やためらいはない。

人材派遣会社と、それに密接につながる企業相手の人減らしコンサルタント、インターネット職業紹介企業の三社が協力して編み出した違法なシステム「奴隷派遣」が日本社会に広まっている。労働者を隔離して自由を奪った機械のような単純労働。より困難な業務の場合はマニュアルによる同一行動。緊張感を持たせて能率を上げるために私語を禁じ、手先の業務でも立ちっぱなしで座らせない。さらには監視役を立てての行動規制……。

先の世論調査では労働者を四〇階の職場集合とせず、いったんビル前の広場に集合させエレベータや通路を移動する間もずっと監視していた。休憩時間になってもほかのフロアや地下の飲食フロアへの立ち入りは厳禁とされた。ほかのフロアへ行けないように、通路や階段には事件現場のような規制線のテープが張られ、常時、監視役の若者が立っていた。

非正規労働者の処遇改善が叫ばれて久しい。そもそもこの世論調査は三日間だけだから三〇日以内の「日雇い派遣」にあたる。あまりに短期の派遣労働は人材派遣会社と派遣先企業双方での適正な雇用管理がなされず、労災等の弊害も発生しやすいという理由で、二〇一二年一〇月一日施行の労働者派遣法改正で原則禁止になった。だが、人材派遣会社は法律など眼中になく、日雇い派遣を拡大させるとともに賃金や待遇を悪化させている。彼らのターゲットは今や若者ではない、日々増加する働き口に恵まれない中高年が利用されている。

民主国家における健全な労働とは、雇用主と労働者との間に信頼関係があって初めて成立する。人材派遣会社は派遣労働者の雇用主だ。だが、信頼関係を築くどころか、仕事内容や待遇面で嘘をついて、健康に問題がある人でも過酷な労働現場に送り込み、支払うべき賃金を踏み倒す。

極めて違法性が高く、労働者からの救済を求める訴えがあるにもかかわらず、各都道府県の労働局や厚生労働省の労働基準監督署は一向に対処しようとしない。いったいなぜなのか？　悪い冗談に聞こえるかもしれないが、中央官庁や地方自治体の多くが違法な人材派遣会社のお得意さまだからだ。

この問題が根深いのは、経費削減や税金の無駄遣いの防止、法律遵守や公共の福祉への貢献を求められる多くの団体、企業が、事業入札に安値で臨む人材派遣会社を「歓迎」していることである。落札させる際、その人材派遣会社が労働者をどう処遇しているかはまったく考慮されない。

問題のある派遣会社の顧客リストには驚くほかない。最高裁判所、法務省、厚生労働省、国土交通省、財務省、総務省、文部科学省等の中央官庁。全国の地方自治体が運営する美術館や大ホール、運動場などの公共施設。新聞社やテレビ局などの大手マスコミ、大手通信会社、大手金融機関、大手小売、大手製造……世間から真っ当と見られている団体、企業がこぞって人材派遣会社の繁栄を支援している。

歪んだ労働市場に寄生し、中高年を低賃金の奴隷労働で酷使し、ピンはねで肥え太る人材派遣……彼らの増殖と繁栄は底辺の労働者のさらなる困窮と表裏一体であり、日本社会の創造的な活力を削いでいるのではないか。

人材派遣会社の社員は二五歳で年収三〇〇〇万円を豪語する。そんなピンはね手配師たちも含めて誰もが「平等かつ自由に」働ける社会にしなければならない。でなければ日本経済の浮揚などありえないだろう。これはまごうかたなき日本の「今」である。

目次

はじめに——奴隷労働の現場　3

第一章　人材派遣という名の「人間キャッチボール」——「いい年して、どうして人並みのことができないんだ⁉」　17

迷走する労働行政／元祖はドヤ街の手配師／政府・財界による労働者の流動化政策／行政処分された第二世代人材派遣／衰退と復活の第三世代／労働内容の説明は虚偽／派遣はエレベータ使用禁止／監禁労働のタコ部屋／悪意の果ての無駄／人材派遣会社のシステム／派遣労働者は保護されているか／派遣元責任者と派遣先責任者／日雇い派遣でも有給休暇をもらえる／派遣労働者使い捨ての「待機」／派遣先責任者によるひどい仕打ち／一日中倉庫で重さ二〇キロのスーツケース運び／人材派遣会社二〇代社員の異常な高収入／求人サイトの矜持と責任／ヤラセだった英会話通勤バス／日雇い派遣の原則禁止問題／近来稀に見る悪法／中高年が職に就けない現実／「年齢制限なし」の「裏メッセージ」／「三種の辛技」／いい加減な「人間キャッチボール」／労働基準法に刃向から労働者派遣法

第二章　人材派遣が生んだ奴隷労働の職場
――ノロウイルス感染者に「大丈夫ですから勤務に行って」――

極限まで単純化された派遣労働／巨大ダンボール箱と格闘した中高年の「善意」／人材派遣の定番「ピッキング」で実はトラブル続出／派遣労働者に損害金を請求／カゴテナーと接触して負傷／出勤確認連絡／マニュアルによる効率化は本当か／予定調和のストーリー／人材派遣会社が規制線を張ったワケ／マニュアルは金科玉条／未登録でも派遣する人材派遣会社がある／就業規則で「おまえ、態度悪いからクビ」／現代の派遣切り「お父さん、酒臭いよ」／違法な人材派遣会社との二日間の攻防／派遣労働者の差別待遇／困難な業務でも派遣が担当／就業条件外の過酷負担／私たちは税金泥棒ではありません／中高年は美術品には似合わない？／二重帳簿ならぬ二重マニュアル／テレビ局派遣で逆立ち強制／ノロウイルス感染者に「食品工場に行け！」／人材派遣会社の女性社員が必死なワケ／盗難被害も泣き寝入りの派遣労働者／疑惑の「登録費」

第三章　人材派遣の危険な落とし穴

――「もう来るなよ。てめえみてえなじじい、いらねえから」――

人材派遣が急拡大した本当のワケ／官公庁と自治体、外郭団体でも非正規労働が拡大／時給二〇〇〇円が九〇〇円に／研修日当なし、交通費なし、最低賃金以下／人材派遣会社の狡猾な手口／人材派遣の安値受注が生んだトラブル／人材を集められない人材派遣会社／試験監督が逃亡しちゃった／不正の温床になりかねない危うさ／給与踏み倒し計画倒産？／社長は元ＣＡで名古屋財界のアイドル／恐怖をふりまく正規社員たち／事件の現場は巨大モール／混乱する運営の尻拭い／繰り返される監視役の無意味な指導／踏みにじられた買い物客の夢／無知な派遣先責任者との攻防／強要、脅迫、監禁／労働者の救済要請を無視／奴隷派遣は本当にお得なのか？／熟練者と素人の差／無責任体質／人材派遣活用のリスク／人材派遣会社に頼ったら事業が行き詰まった／カタカナ肩書き乱発のハレーション／イベントでの日雇い派遣は業務上横領？／除夜の鐘が鳴る頃、てんやわんやの大騒ぎ／若者と中高年との格差／意気消沈する派遣先責任者／企業の稼ぐ力を削ぐ無責任人事

第四章　悪質な人材派遣会社を一掃せよ――「もう仕事紹介してもらえないよ。かわいそう」　209
拡大する一方の非正規労働者／週五日終夜勤務／中高年を殺すな／従順な派遣労働者／権利意識に欠ける中高年労働者／労働環境によるワナ／現実を直視してほしい／人材派遣を推進する識者たち／重要な情報をネグレクト／欠けている労働者保護の視点／人材派遣と景気浮揚／副社長が帰っちゃった！　欧州の労働事情／日本にスウェーデン流を持ち込んだ企業／欧米先進国比較　ドイツ・米国・フランス
おわりに――すぐにできる改善策の提案　245

第一章　人材派遣という名の「人間キャッチボール」
――「いい年して、どうして人並みのことができないんだ⁉」

迷走する労働行政

人材派遣という雇用形態は、特定労働者派遣と一般労働者派遣とに大別される。特定派遣とは人材派遣会社が常勤の労働者を抱え、派遣先の要請に応じて労働者を一定期間、派遣する制度。労働者には仕事の多寡にかかわらずフルタイムの正社員に準じた収入が保証される。従って人材派遣会社は派遣の仕事を見つけてこなければ持ち出しになり儲からない。労働者が保護される仕組みだ。

一方、一般派遣では労働者は人材派遣会社に登録し、仕事があるときだけ派遣先に送られて働いた分だけ賃金が発生する。仕事がなければその間の賃金はずっとゼロ。労働者の収入が安定せず立場が弱くなりがちなため、人材派遣会社には労働者保護のモラルが強く求められ、開業するためには厚生労働大臣の許可が必要だ。

一般派遣の労働者は派遣先の会社とは雇用関係にないが、派遣先の社員から労働内容について指示・監督を受ける。人材派遣会社と派遣先の双方に適正な労働管理が求められ、労務や人事の知識のある責任者の配置が双方に義務付けられている。

日本で初めて人材派遣事業が合法化された一九八五年以来、適用される労働者派遣法はわずか三〇年の間に頻繁に改定されてきた。近年は規制緩和する一方、新たな規制事項を積み重ねるというアクセルとブレーキを同時に踏み込むような不合理な改定が行われている。二〇一五年三月にも政府は労働者派遣法の改正案を閣議決定しているが、こうした労働行政の迷走はなぜなのか。

現代において諸分野での規制緩和は反対しにくい「錦の御旗」だ。人材派遣でも規制緩和を実行した結果、労働者の賃金低下、待遇悪化、貧困化等の弊害が急速に広がってしまった。その現実を前に労働官僚は困惑し混乱している。

本章の最後で詳しく解説するが、労働者派遣は、基本的に派遣先企業と人材派遣会社を利する制度であり、労働者を保護する目的で制定された労働法（労働基準法、最低賃金法、職業安定法等複数の法律が該当するため「労働法」という記載にします）と明白にバッティングすると筆者は考えている。しかし、財界や政府与党の圧力で人材派遣を抜本的に見直すことのできない厚生労働省は指針や指導といった小手先の弥縫策でごまかさざるを得ない。

一般派遣のうち労働期間が三〇日に満たない短期派遣を日雇い派遣と呼ぶ。長期より派遣先企業のニーズが高く、こちらをメイン業務とする人材派遣会社が多いが、ほとんどが「単発派遣」「スポット派遣」などと言い替えている。

「日雇い」という言葉を意識的に避けるのはイメージの悪さを嫌ってのことだ。かつての人材派遣＝通称「日雇い」はアンダーグラウンドな職種だった。

元祖はドヤ街の手配師

日雇いというと、昭和の頃までは東京や大阪の下町の職業安定所周辺に集まる主として土木・建設業に従事する作業員を指した。作業員らは自宅を持たない、あるいは何らかの理由で自宅に帰れないため、二畳程度の狭い部屋にテレビと布団があるだけの「ドヤ」と言われる安い木賃宿を定宿としていた。仕事探しは職安ではなく、早朝、職安前の広場に集まってくる手配師に依存する。手配師のほとんどは暴力団とつながっていると言われ、暴力団は建設会社に圧力をかけて建設現場に自分の息のかかった手配師と日雇いを送り込み、手配師の上前をはねて利益を得ていた。

日雇い労働者はその日の仕事にありつければ、建設現場にマイクロバスやワゴン車で運ばれ作業に従事する。しかし、仕事に採用されなければその日は何もすることがなく、日がな街頭で酒を飲み、パチンコや競馬、競輪、競艇などのギャンブル等をして過ごす――そんなイメージを抱いている人も多いのではないか。

いわば日雇い労働者は使い捨て同然の扱いだった。労働安全に配慮しない現場が多く、トラックやダンプなどの大型車にひかれたり、防音壁が倒れたり上階から資材が落ちてきたり、慣れない高所で重量物を運ぶ途中で誤って落下したりと事故が頻発した。

日雇い労働者は作業で大けがを負っても補償は最低限で、元々健康保険に加入していない人が多いため、けがや病気をきっかけに生活保護に頼らざるを得ない人が少なくない。人権が守られない「日雇い労働」は健康な労働者であっても破滅に追いやってしまう可能性があり、彼らに仕事を紹介し現場に連れて行く手配師は、その差別的な行為自体が問題視された。だが、彼らは裏社会の闇の存在でありドヤ街から出ることはなく、一般社会の市民生活を阻害しないという自主規制もあって事実上黙認されてきた

そんな日陰の存在だった「人材派遣業」が、「安価で便利な労働者」を欲する財界の求めに応じ、二〇世紀末になって合法化された。

政府・財界による労働者の流動化政策

基本的に人材派遣業は、憲法が禁止する「奴隷的拘束」(憲法一八条)および労働基準法六条が禁止する「中間搾取」が行われやすい労働形態として原則的に禁止されていた。また、職業安定法では、労働者派遣はピンはね(中間搾取)が高い割合で行われたり、使用者の責任が曖昧になったりと、労働者保護に著しく欠けるなどの理由でごく一部の例外(厚労省の許可を得た場合)を除き禁止されていた。

それが崩れたのは一九八五年に労働者派遣法が成立、翌年施行されてからだ。専門性が要求される一三の業務に限定し、それ以外は禁止するという形で解禁した。「ポジティブリスト方式」と呼ばれる例外的な扱いだった。当時は直接雇用のパート労働者より高い時給が設定されたため、個人的な事情で就労時間に制約があり会社に縛られずに専門技能を生かして仕事をしたい「労働者のための制度」だと政府は主張した。

これに対し危惧する声は多かった。労働者派遣がいったん制度化されれば人件費を削減したい企業経営者の欲望を刺激し、常勤の正規社員が短期の派遣労働者になだれをうって置き換えられ、労働者の貧困化が急速に進むのではないかという見方だ（実際にそうなった）。

こうした批判に対し政府は「現行法が許容しているのは専門的な技能を持ったごく一部の労働者だけであり、他の大多数の労働者に影響は波及しないから労働市場の劣化は起こりえない」と一蹴した。

その後も日本社会全体の規制緩和の流れを受ける形で、派遣法は一九九六年に改定されて対象業種が二六に拡大された。ソフトウエア開発や放送番組の制作、経理、財務、広告デザイン等々いずれもある程度の専門知識と経験が必要な職種で技能労働者の絶対数は限られる。

その中で派遣先が高いスキルの労働者を集めようと思えば、正規社員に近い報酬を設定しなければならず、それなりに健全性は保たれていた。また、この頃の第一世代の派遣会社はまだお行儀が良かったようで、大きな社会問題を起こすこともなかった。

一方、同じ頃、経団連はある画期的な発表をした。詳細については第三章に譲るが、「労働者カースト」とも呼ぶべき労働者を階層で分類するという方針である。幹部候補生と専門技術者を別格の正規社員と定め、その他は企業の都合次第で便利に使える非正規労働者とする。これは軍隊の考え方と同じだ。将校と技術将校はエリートとして大事にし安全圏に置くが、ひと山いくらの兵士は使い捨てで惜しげもなく前線に送る。

こうした財界の要望を受けて一九九九年の改正では大きな変化があった。ポジティブリスト方式からネガティブリスト方式への百八十度の大転換だった。これにより派遣できない業務を定め、それ以外はすべて可能と定めた。

禁止されたのは、「建設業務」「港湾運送業務」「警備業務」「医療関連業務（紹介予定派遣や産前産後休業の労働者の業務の場合等は可能）」など。建設業務と港湾運送業務は他業法で需給調整の規制があることから、警備業務は業務の適正な実施のため労働者派遣業として行わせるのが不適切であるとされたためだ。その他資格が必要な一定の職種（弁護士、公認会計士等）については労働者派遣が禁止されている。また、解禁されると派遣が激増し正規社員からの転換が進むと懸念された「物の製造ライン業務」も禁止とされた。

ところが、財界からの要望に応じてそれからわずか五年後の二〇〇四年に製造業務への派遣が解禁された。これにより多くの企業がこぞって人材派遣会社に頼るようになった。こうしてかつては違法とされていた派遣労働が多くの職場に導入される条件が整った。

規制緩和のたびに、政府や財界の要人たちは「派遣労働者にも職業選択や期間選択の自由を認めてあげるべきだ」と、労働者のために緩和したかのような趣旨説明を行った。だが、それがおためごかしであることが間もなく明らかになる。

厚生労働省「労働者派遣事業の二〇〇五年度事業報告の集計結果」によれば、一九九九年の派遣労働者は九〇万人に過ぎなかったが、二〇〇五年には二五五万人に急増した。また、人材派遣会社の事業所数は同時期、九六七八ヵ所から三万一三六一ヵ所へ、売上高は一兆四六〇五億円から四兆三五一億円になった。近来稀にみる成長産業である。

企業はなぜ人材派遣に頼るのか？　直接雇用の労働者に日給一万円が支払われている場合、人材派遣会社に支払う労働者一人あたりの額も一万円で変わらない。しかし、派遣労働者の人件費は繁忙期だけで済む。雇用主としての義務や責任についても派遣先企業は負わなくていい。つまり直接雇用に比べはるかに気軽に使えてコストダウンが可能だからだ。

一方、派遣労働者の手取りは間に人材派遣会社が入ることで六〇〇〇〜七〇〇〇〇円に減額されてしまう。損をするのは労働者だけで、人材派遣会社も派遣先企業も確実に利益を得られる。人材派遣は直接雇用、常勤雇用を侵食する形で増えていき、現実は厚生労働省や財界の建前論からどんどん乖離していった。

二一世紀に入ると人材派遣は無法地帯になっていく。清掃業務で派遣されたはずなのに禁止されている警備業務にまわされたり、資材運搬で建設現場に派遣されたら、やはり禁止業務である解体作業もやらされた等々、労働現場では違法行為が横行するようになった。

また、人材派遣の需要の高まりに合わせて急成長する大手派遣会社が現れた。これを人材派遣会社の第二世代とする。彼らは労働者の待遇を切り下げたい財界に歓迎され、労働関係法規に疎い一部マスコミには時代の寵児と持ち上げられた。

行政処分された第二世代人材派遣

人材派遣会社が社会問題になったきっかけは、若者を中心に労働者の側が派遣会社の違法行為や不正に憤って立ち上がり、会社側との団体交渉、さらには法廷闘争を展開し、労働関係当局と粘り強く交渉したからだ。

二〇〇七年に刊行された、非正規労働者の組合である「派遣ユニオン」とジャーナリスト斎藤貴男氏の共著『日雇い派遣　グッドウィル、フルキャストで働く』（旬報社）によれば、当時、業界一位で全国に一一〇〇ヵ所もの支店を有したグッドウィルをはじめ人材派遣会社には多くの問題があった。以下、引用させていただく。

・派遣先からさらに別の会社に派遣される違法な二重派遣が常態化していた。
・法律で禁止されている港湾業務、警備業務などを派遣労働者にさせていた。
・予定就業時間の一時間前に集合するよう指示しながら、その一時間分の賃金を払わなかった。
・データ装備費（グッドウィル）、業務管理費（フルキャスト）といった使途不明金が労働者の賃金から天引きされていた。
・労働契約では事前に作業内容を正確に伝達しなければならないが、重作業等では逃げられないように曖昧な連絡でごまかした。
・発がん性が高いアスベストの飛散の可能性があり、正社員はマスクをしていたのに、派遣労働者だけマスクが用意されなかった。
・派遣会社のロゴ入りのTシャツやチノパンなど、世間相場より値段が高く設定されたオリジナル商品を、必要もないのに制服として登録労働者に強制的に買わせていた。
・派遣会社の社員に長時間の残業（深夜労働）をさせながら、残業手当、深夜割り増しを払っていなかった。

また、派遣労働者が仕事の予約を入れると、キャンセルを絶対に許さずペナルティを科した。労働基準法では、使用者が労働契約の不履行について違約金を制定してはならない旨を定めている。

公然と違法行為を重ねる人材派遣業界に対し、当初は黙認していた厚生労働省も動かざるを得なくなった。違法行為やずさんな手続きなどを理由として、グッドウィルに対して労働者派遣事業の停止命令を出した。

さらに警察や検察も動いた。二重派遣の容疑でグッドウィルの支店が警視庁の家宅捜索を受け、グッドウィルの複数の社員が逮捕されたほか、法人としてのグッドウィルも書類送検され罰金刑となった。刑事罰を受けた会社は一般派遣事業の資格要件を満たせず不許可となる。事業継続が不可能になりグッドウィルは退場を余儀なくされた。

その後、人材派遣業界は改善に動き、不当にピンはねした使途不明金を何年か前までさかのぼって返還した会社もあった。

衰退と復活の第三世代

二〇〇八年のリーマンショックで不況が深刻化し、主として製造業を中心に若年の派遣労働者を雇い止めしたことによる失業者の急増、それに伴うホームレス野宿者やネットカフェ難民の増加が社会問題化した。人材派遣業界が労働者の貧困化を推し進めているとして再び強い批判にさらされ、翌年と翌々年には事業所数が激減している。

それから七年が経過した二〇一五年現在、人材派遣バッシングのほとぼりも冷め、人材派遣業界は拡大に転じている。一般労働者派遣事業は厚生労働大臣の許可を受けなければ開業できないが、会社に前科がない等の欠格事由がないことを前提に、経営が安定していて、人事労務の経験者がいるなど条件のハードルは高くはない。しかもリスクがほとんどない。設備投資は事務所とパソコンと携帯電話だけ。運営を始めた翌日から日銭が入ってきて、登録労働者を確保し営業をきちんとやっていれば赤字になりにくい。

労働市場が健全なら賃金の安い人材派遣会社に労働者は寄りつかず商売は成り立たないはずだが、時代は彼らに味方した。企業の合理化による人減らしで中高年の失業者が増え、賃金切り下げでワーキングプアが増え、買い手市場になっている。

人材派遣業は容易に起業できて、しかも儲かるという事情を熟知した大手派遣会社や就職情報会社の社員たちが相次いで独立・起業し、カタカナ名の新興人材派遣会社が急増している。事業所の増殖ぶりはすさまじく、東京の小さな事務所から出発した業者が三年もたたないうちに福岡から札幌まで全国展開を完成させるほどだ。人材派遣協会のサイトを検索するとそんな会社がゴロゴロしている。

まったく同じ営業方針の会社が増えただけだから、業界内は熾烈な生存競争となった。入札で極端な安値受注をして、その分を労働者の時給削減、残業代踏み倒しなどで帳尻を合わせる。違法行為も復活し普遍的とさえ言える状況だ。詳しい業務内容を伝えないまま、過酷な現場に行かせる、予定就業時間の一時間四〇分も前に集合させて働かせ賃金を払わない、交通費を払わない、研修を義務付けても日当を払わない、国が定める最低賃金に満たない賃金で就労させる、労働契約の一方的破棄、労働者派遣の趣旨から逸脱した単純労働の強要等々。

現在の人材派遣業界を「第三世代の人材派遣」と呼ぶこととする。状況はグッドウィルが消滅した六年前に戻ったのではなくもっと悪くなった。原因は安易な規制緩和とともに、民間企業や政府自治体を含む団体の多くが経費削減名目で社員（職員）の削減、事業のアウトソーシング化をドラスティックに進めたことも見逃せない。人材派遣会社のクライアントとなった企業や団体の側が社会的責任を意識し、バランス感覚や節度があれば、これほどまでにひどくならなかったかもしれない。
だが、コスト削減に目の色を変える企業や団体は違法な人材派遣会社と相性が良い。
ともかく、実態はどうなのか、まずは次のルポをお読みいただきたい。

労働内容の説明は虚偽

二〇一四年九月某日、私は「大人気！　試験監督大募集」を謳うA社という派遣会社に登録に行った。都内JRのターミナル駅から徒歩五分。繁華街の表通りに面した雑居ビルの一室にあるオフィスではパチンコ屋のようなアップテンポの音楽が流れ、「〇〇会社さまから初契約いただきましたあああ！」などという若い男性社員の絶叫が飛び交っていた。

私の担当だという、歌手のアンジェラ・アキ似のやり手風の女性は、「試験監督は先週までで一段落しちゃったんですよねえ」といかにも残念そうに言う。そして、「他にも楽で楽しいお仕事がいっぱいあるんですよ」と言いつつ、頼みもしないのに次々に仕事を紹介して帰らせようとしない。

「人気のあるお仕事に派遣されるのは、就業実績の多い方からですよね。まずは実績を作りましょう」

なるほどそんなものかと思い、「自分は年齢も高く体力に自信もないが重労働でなければやります」と応えた。

彼女一押しのおすすめは「化粧品の検品」。

「扱うモノがモノなので女性が多く、明るく楽しい職場ですよ」

時給は九〇〇円で交通費はなし。勤務時間は一七時から二二時と変則的だが、これは中高年労働者を集めやすくするための設定だとあとで気づいた。

集合は埼玉県内の私鉄駅に一六時一五分。勤務開始まで四五分間の時給は支給されない。おかしいのではないかと言ったら、「ここは割と早く上がることが多いんですよ。それでも二二時までの分が満額支給されますから、全体でみればお得になります」と煙に巻かれてしまった。

仕事当日。指定された私鉄駅の周辺は集合住宅ばかりで事業所のような建物は見当たらない。集まった五人で仕事場まで徒歩で移動せよと指示された。三〇分ほどかかるという。かつて日雇い労働者といえば車で送迎してもらっていた風景が思い浮かぶが、現代のそれは違う。

道すがら、この作業を一度経験したことがあるという男性に話を聞いた。

「仕事はどんな感じですか」

「一言で言って、きついっすよ。作業自体は簡単なんですが、五時間ずっと同じことをするので体もそうですが精神的にやられますね」

精神的にやられるとは穏やかではない。女性たちと化粧品の検品をするきれいな楽しいお仕事ではなかったのか。

「ああ、それは嘘です。カレンダーを作るんです」

「はあ？　カレンダーって……印刷の仕事？」

「違います。強いていえば組み立てですかね。中沢さんは話し好きみたいだけど気をつけて下さい。私語が多いとクビです」

「五時間ずっと？」

「はい、倉庫に入ったときからずっとです」

とぼとぼと無言で歩く五人は、まるで野外作業に向かう囚人のようだった。

派遣はエレベータ使用禁止

あたりが薄暗くなりかけた頃、ようやく目指す事業所に到着した。幹線道路沿いの広々とした敷地に一棟の倉庫があるだけ。看板を見ると大手印刷会社の名前があった。五階建てほどの高さがある倉庫内の最上階の事務所に行かなければならないのに、派遣労働者はエレベータ使用禁止だという。非常階段のようなほこりっぽい鉄製の階段を上がる。

事務所で自分の名前を申告すると、担当の中年社員は値踏みするように私たちの顔を一人ずつ見た。私たちが会釈しても、心なしか、見下すような笑みを口の端に浮かべるだけだった。事務服姿の若い女性が書類にチェックを入れながら、制服と帽子、マスクを手わたしていた。私が名乗ると、不意に大声を出した。

「聞こえねぇよぉ。声は大きくっていつも言ってるよね」

距離は一メートルもないのだから聞こえないはずはないが、あわてて大声で言い直した。自分の父親のような年齢の男を前にしての、何とも憎々しげなタメロ。先が思いやられた。

一階の物置に降りて着替え、階段を上がって五階へ。そこで物置に残したバッグに上履きを入れていたことに気づき一階へ、再び五階の待機室に駆け上がったときには足腰ががくがくしていた。

派遣の仲間にエレベータを使わせてもらえない理由を尋ねると、倉庫のエレベータは電気代が馬鹿にならず、社員は仕方がないが派遣に使わせるのはもったいないからだという。労働者派遣法では、派遣労働者についても、派遣先社員が通常利用しているものの利用に関する便宜の供与等必要な措置を講ずる努力義務を派遣先に課しているのだが……。

待機室には社員食堂のような簡素なテーブルと椅子が所狭しと並んでいる。制服に着替えた七〇人ほどの男女が集まっていた。全員、顔を覆う頭巾のような帽子をかぶり、マスクをしているので表情はわからない。みな、ただ押し黙って座っている。

業務開始一〇分前、待機室からの移動が始まった。出入口のドアは一人ずつしか通れないから行列は遅々として進まない。

「急げよ。もたもたするな」

何に使うのか木刀のような黒光りする棒を持った監督らしい男がせきたてる。牧羊犬にほえたてられる羊の群れのようにあたふたした。

検品場と書かれた部屋の入口はクリーンルームになっていて、二坪ほどのスペースに一〇人ずつ閉じ込められ、たたきつけるような強風にさらされる。作業場の中はちょっとした体育館ほどの広さで、長いベルトコンベアがある。流れているのはどうやら卓上カレンダーのようだ。

監禁労働のタコ部屋

ジリリリリとけたたましくベルがなった。火災報知器かと思ったら、午後五時ちょうどの作業開始の合図だった。

「はい、コンベアのそばに並んで。一〇秒内！　走れ！」

小走りにコンベアのそばの作業台にたどりつくと、化粧品会社の社名が書かれた部品が山と積まれていた。台紙と月めくりの束を小さなリング状の接合具で組み立てる仕事だった。

「初めての人は隣の人の手の動きを見てマネをして下さい」

みなが一斉に部品を手に取り作業を始めた。ワサワサと台紙がこすれる音。トントンと月めくりの束を台で整える音。パチン、パチンという接合具の音だけが作業場に響く。まるで自分たちが養鶏場でエサをついばむ鶏の群れのように思えた。

異様な雰囲気にのまれ、「仕事内容が説明と違う」と抗議する勇気もなく、ただひたすら組み立て作業に追われた。見よう見まねで台紙を折り曲げ、月めくりの束を整え、接合具をはめこんで、台紙を持ってぶらぶらさせて束が落ちないことを確認する。ところが、私は老眼だから手元がよく見えない。こんな細かい作業だと前もって教えてくれたら老眼鏡を持って作業場に入ったのだが、そんな作業説明はいっさいなかった。

化粧品検品の楽な作業……女性の多い楽しい職場……すべてが嘘だった。もしかしてここはタコ部屋ではないのか？　とまどっていると、肩に何か硬いものがあたった。振り向くと斜め後ろに作業監督がいた。

「手が止まってるぞ」

刑務所の看守に向いていそうなドスのきいた低い声だった。

「すみません、初めてなもので……それと仕事の内容が……」

「言い訳するな。二五秒で一つできなければ欠勤扱いだからな」

厳しい作業ノルマまで決められていた。

二五秒なんてあっと言う間だ。台紙を折り曲げる。月めくりの束をそろえる。そこまではいい。だが細かい接合具が手につかない。焦って手が思った通りに動いてくれない。つまんでは落とし、つまんでは落とす。持ち方をいろいろ変えてようやく一つをつかんで穴に通そうとしたが通らない。台紙と月めくりの穴が合っていないのだ。接合具を外してもう一度、束を整える。

監督はストップウォッチを私の目の前に掲げた。

「五〇秒もたってるぞ。やる気あんのか。いい年して、どうして人並みのことができないんだ⁉　いったいここへ何しに来てんだ」

しつこい怒声に怯んだ。たとえようのない、生まれて初めての屈辱感に打ちのめされた。

「すみません……頑張りますから」

「おう、またちょくちょく見に来っからな」

悪意の果ての無駄

新たな問題が起こった。私は常日頃、腹下し気味なのだが、緊張したせいか下腹部が痛み始めもよおしてきてしまった。立っているから余計に出そうになる。片足を折り曲げてみたり、体をねじってみたりして、何とか便意を抑えようとするが切迫感は増すばかり。

五時間の勤務中、二時間三〇分後に一五分間のトイレ休憩がある。だが、クリーンルームを通過して制服を脱いで階段を降りないと、一階にあるトイレにはたどりつけない。同じ経路を逆に走って定時に作業場まで戻らなければいけないから、実質、休憩時間は五分弱だ。

下腹部の不安な感じがさらに増した。腰を折り曲げて必死にこらえていると、隣の男性が小声できいた。

「どうかしたんですか」

「トイレに行きたいんです」

「やめときなさい。作業場から出れば欠勤扱いです」

その後の惨状はあまり説明したくない。

休憩のベルが鳴るやいなや、人を押しのけ待機室まで一目散に走った。女性事務員の、「ばっきゃろう、制服はここで脱ぐんだ!」という怒声を背に制服をたたみつつトイレまで階段を駆け下りた。一番乗りだったがトイレは一ヵ所しかなく、飛び込んだ途端、「おい、早くしろよ」。ドアの向こうに並ぶ人々の罵声と、ドアをドンドンとたたく音に責められ気が気ではなかった。ここはまさしくタコ部屋だった。

作業場の監督は、「おまえらが二五秒で作らないと、うちは赤字なんだよ」と何度も繰り返していた。私はとうとう最後まで二五秒以内にはできなかった。当たり前だ。どんな作業かあらかじめ知らされておらず、老眼鏡も持っていないのだから細かい手作業などできるわけがない。

タコ部屋に連れ込むために真実を隠し、その結果、ぜんぜん能率が上がらない。悪意に満ちた労働現場。二一世紀の日本でこんな働かせ方をする職場があることに驚いた。貧しい途上国の幼い子供を酷使する工場にも似た光景。

産業用ロボットなら簡単にできそうな組み立てだが、エレクトロニクスの塊である高価なロボットをセットするより、簡単に調達できる時給九〇〇円の中高年をこき使ったほうが儲かるのだろう。

驚いたのは帰り道に何人かから話を聞いて、少数ながらリピーターもいるとわかったことだ。この派遣の勤務時間がみそだ。昼間、別の仕事を持っている人でも一七時始業なら何とか間に合う。当日に行けるとわかってから申し込むことも可能。立ちっぱなしはきついが五時間なら何とか耐えられる。二二時終了だから駅まで三〇分でも電車で帰宅できる。

経済的に困窮する労働者の足元を見て、低賃金で悪条件ながらかなり遠方からでも人を集めやすくした勤務設定。人材派遣会社がクライアント企業に「効率化」と「低賃金」を提案する中で編み出した究極のスキームである。

人材派遣会社のシステム

派遣労働に従事する場合、職務経歴書はおろか履歴書すら提出する必要がない。人材派遣会社に登録するには事務所で連日開かれている説明会に出向かなければならないが、持参するのは運転免許証など住所氏名が確認できる書類と、名義を確認して給与振込みに使う預金通帳、メールやネット閲覧ができる携帯電話だけだ。

面接試験はなく業者側から登録後の流れが説明される。仕事の紹介、就業申し込み、契約成立、派遣労働、給与振込みまで。人材派遣会社の社員たちは就業手続きが滞って確認の電話など余計な手間が増え、自分たちの作業効率が落ちることをひどく嫌う。そのため登録時に、何度も何度も同じ手順について念押しし、メールの送信返信の練習を繰り返させる。その間、おおむね一時間半〜二時間。

派遣会社の多くはホームページなどで登録希望者に対し、「あなたの能力、経験、職業適性を最大限に生かしていただけます。さまざまな業種について幅広く専門的な知識を持った担当者が、あなたに最適な職場をご紹介します」などというメッセージを載せている。

だが、実状はまったく違う。登録労働者の人となりやスキル、それまでの仕事の経験、希望する職種、体調など個人的な状況はいっさい問われなかった。労働者は最後まで一言もしゃべらずに手続きを終えることも可能だ。

人材派遣会社の業務とは極端な話、電話とパソコンで連絡するだけだ。派遣労働契約に際しては、二種類の文書＝派遣元との雇用契約に関する労働条件通知書と派遣労働の業務内容、派遣期間等を記載した就業条件明示書をわたすことになっている。就業条件明示書については、急を要する場合などにはメールで送ることも認められているため、どこも手間のかかる書類など出さない。

人材派遣会社にとってはクライアント企業に機械的に労働者をあてはめていくスピードが勝負だ。クライアントの求めに応じてとりあえず出せる人数を通告する。労働者の名前等はあとで連絡するが、これは出欠や勤怠確認などの事務手続きのためだ。

顔のない労働力を派遣するだけだから履歴書は必要ない。また、新興派遣会社の社員は若者が多く社会経験に乏しい。職務経歴書を参照して前職、前々職を知ったところでその意味するところを理解するのは難しいだろう。

「誰でもどこへでも派遣」という方針にリスクはないのか？　登録労働者は危険ドラッグをやっているかもしれないし、過去に暴力事件を起こした粗暴な人かもしれない。面接どころか会話もせず、今までどこで何をしてきたのかもわからない人をクライアント企業に派遣して大丈夫なのか？　そう心配するのが常識的な感覚だろう。

だが、日本の人材派遣業界は、作業の単純化とマニュアル化でリスクを最小限にする独特なノウハウを確立している。労働者を知性や心を持った「人間」ではなく、「ロボットより低コストで需要の増減に即座に対応できる画一的人間型マシン」と位置づけ、社員に監視させて指示通りに働かせる。それ以外の動作は許容しない。

現場に投入してみて、動きがほかのマシンより鈍かったり、ほかのマシンと摩擦を引き起こしたり、マニュアル外の動作をしたら直ちに取り替えればいい。「はじめに」で紹介したように契約期間途中の契約終了とその後の雇い止めは無造作に行われている。

派遣労働者は保護されているか

労働法は派遣労働者にも正規社員と同様に適用される。労働法と一口に言っても多岐にわたる。労働契約法、労働基準法、最低賃金法、労働安全衛生法、労働者災害補償保険法、男女雇用機会均等法、育児・介護休業法、労働組合法、労働関係調整法、雇用対策法、職業安定法、高年齢者雇用安定法、障害者雇用促進法、雇用保険法、労働審判法、個別労働関係紛争の解決の促進に関する法律。これらによって派遣労働者も保護されている。

労働基準法三条では、国籍、信条、社会的身分を理由とする労働条件の差別を禁じている。賃金の最低額については、最低賃金法が保障している。派遣労働者だからという理由で最低賃金を下回る賃金を労働契約で定めても無効である。最低賃金の支払義務は派遣元使用者にあるが、二〇〇七年以降派遣先事業所の属する地域の最低賃金が適用されている。最低賃金が守られているかは労働基準監督署が監督し、違反行為があれば是正命令や罰則を科す。

二〇一二年に改正された労働契約法は有期契約労働者に対して、期間の定めのあることによる不合理な労働条件の禁止を規定している(二〇条)。常時一〇人以上の労働者を使用する雇用主は、就業規則を作成し、過半数労働組合、もしくは労働組合がない場合には、労働者の過半数を代表する者の意見を記載した書面を添付した上で、労働基準監督署に届け出なければならない（労働基準法八九条ほか）。人材派遣会社のほとんどは一〇人以上を雇用しているから就業規則は必須だ。

就業規則で必ず決めるべき事項は、労基法八九条に列挙されているが、それほど多くはない。重要なものをあげると、①始業及び終業の時刻、休憩時間、休日、休暇等、②賃金の決定、計算方法及び支払方法、賃金の締め日及び支払日、並びに昇給に関する事項 ③退職に関する事項（解雇の事由を含む）、④退職手当に関する事項、等。

また、労働契約法七条は、使用者が合理的な労働条件が定められている就業規則の内容を労働者に周知させていた場合に、労働契約の内容が就業規則で定める労働条件によるものとすると定めている。

（筆者注・第二章で詳述するが、残念ながら人材派遣会社はこうした規定を無視している。派遣労働者に対し非常に厳しい内容の就業規則を勝手に決めて、登録労働者にプリントをわたしている）

雇用主の懲戒処分や解雇については、いずれも、客観的に合理的な理由を欠き、社会通念上相当と認められない場合には、その権限を濫用したものとして、無効とする（懲戒処分に関し労働契約法一五条、解雇に関し労働契約法一六条）。

派遣社員などの有期労働契約の場合も、その期間途中の解雇はやむをえない事由が無い限り解雇できないとしている（労働契約法一七条一項）。

また、労働者派遣法は二〇一二年の改正で派遣労働者の保護を明確に打ち出した。名称が変更され、「労働者派遣事業の適正な運営の確保及び派遣労働者の保護等に関する法律」となり、人材派遣会社や派遣先に対する規制が強化された。

この改正では派遣労働者の賃金についても、人材派遣会社が派遣先の労働者の賃金水準などと均衡を考慮しなければならないと規定した（労働者派遣法三〇条の二第一項）。

派遣元責任者と派遣先責任者

派遣労働者に対する適正な雇用管理を行うため、人材派遣会社には「派遣元責任者」、派遣先企業には「派遣先責任者」の選任が義務づけられている。人材派遣会社の「派遣元責任者」は派遣労働者一〇〇人までを一単位として、一単位に一人の割合。労働者一〇人なら一人。一〇一人なら二人の責任者が必要とされている。その資格要件は、「派遣元責任者講習」を受講していることや、人事労務担当など雇用管理、職業安定行政または労働基準行政、民間職業紹介事業の従事者、労働者供給事業の従事者のいずれかの経験を三年以上有することが求められる。

一方、派遣先で派遣労働者の管理責任を負う「派遣先責任者」は、派遣先企業の労働者の中から選任され、その資格として労働関係の法令の知識があり、人事・労務管理について知識または経験があると定めている。派遣先責任者は、派遣元である人材派遣会社と連絡調整を行ったり、派遣先企業に適用される法律や派遣元からの通知事項について周知したり、派遣労働者の苦情処理を行う責務を負っている。派遣先企業が人材派遣の趣旨をよく理解して、派遣労働者を適正に扱っているか、人材派遣会社は、派遣労働者の申し出や、就業場所の巡回、派遣先責任者や派遣元責任者間の連絡等を通じて、常に把握していなければならない。

こうしてまとめてみると、派遣労働者は実に手厚く保護されているように見える。だが、私は派遣先の職場で人事労務に通じた人物に出会ったことは一度もない。それどころか、仕事が早く終わったから一八時過ぎまでの労働契約を一方的に破棄して、賃金は一六時半までにすると真顔で指示する責任者もいた。この事例などは法律通りの派遣先責任者であれば起こりえなかっただろう（第三章で詳述）。

派遣先責任者に関する規定を守らないある企業の現場の社員に本音を聞くことができた。

「会社の業績が悪いから人材派遣を利用して合理化したいのに、本業とは無関係な人事労務のわかる人間をわざわざ雇う余裕などあるはずがない。元々の人事労務部門の社員はどこの会社でも同じだがエリートだ。派遣社員が働く製造現場にエリートを張りつかせるなどありえない。製造現場には製造担当の社員で十分だ」

一方の人材派遣会社はクライアントである派遣先に「派遣先責任者がいないからおたくには派遣しない」とは言わないだろう。そもそも派遣先の巡回などしていない会社がほとんどである。

日雇い派遣でも有給休暇をもらえる

労働者派遣法は念には念を入れて細かく作られていて、その趣旨はいちいち真っ当だ。だが、理想主義的な色彩が濃く、罰則があまりないから実効性に乏しい。

たしかに、人材派遣会社が派遣元責任者の選任を怠った場合の罰金は三〇万円以下と定められている。派遣先についても、派遣先責任者が労働法の知識を持っていない場合、責任者の資格がなく違法となり罰金三〇万円以下と定められている。

また、派遣労働者の扱いに違法性があった場合の有効な罰則規定は見当たらない。中で効力を発揮しそうなのは「厚生労働大臣による改善命令等の処分違反」で懲役六ヵ月以下、または罰金三〇万円以下だ。

どちらかというと、派遣法の罰則規定とはもっぱら派遣会社としての存立要件を問題にしたもので、無許可で労働者派遣を行うと懲役一年以下、罰金一〇〇万円以下と定められている。

ちなみに有給休暇や各種社会保険、福利厚生等の待遇について、派遣労働者は人材派遣会社の正社員と差別されない。継続労働ではなく日雇い派遣でも有給休暇がもらえる。そう聞くと訝る人が多いだろうが、計算方法は以下のようになる。

派遣労働者は人材派遣会社と雇用契約を結ぶ。派遣先は毎回違ったとしても、人材派遣会社との雇用関係は変わらない。日雇いを重ねて正規社員の一ヵ月間の所定労働時間の八割以上の労働が半年間続いたら、正規社員と同様に一〇日間の有給休暇を取得できる。その後二年六ヵ月が過ぎるまで年に一日ずつ増え、さらに三年六ヵ月目からは一年ごとに二日ずつ増え最高で二〇日間となる。仮に一週間の労働時間が三〇時間と正規社員より短い場合も、労働時間数に比例した少ない日数ながら有給休暇を取得できる。

社会保険についても被保険者資格について派遣労働者に特別な規定はなく、正社員と同じだ。厚生年金保険や人材派遣会社の健康保険に加入でき、保険料の半分は人材派遣会社が支払う。

派遣社員は派遣先の福利厚生施設を利用できるのか否か？　派遣社員は派遣先と雇用関

係がないから利用できないと見られがちだ。だが、派遣法では、人材派遣会社に対し、派遣労働者と同種業務に従事する派遣先企業の労働者との均衡を考慮しつつ、必要な措置を講ずるよう配慮すべき義務を課し、また、派遣先企業に対しても、適正かつ円滑な派遣就業のため、適切な就業環境の維持、診療所、給食施設等の施設について、派遣先企業の労働者が通常使用しているものの利用に関する便宜の供与等必要な措置を講ずるべき努力義務を課している。とはいえ、現実にはひどい派遣先もあった。深夜食を食べようとしたら食堂を使わせてもらえず外で食べろと追い出された。飲み物の自動販売機に格安の値段が設定されていたが、これは社員のために会社が補助しているものだから派遣は外のコンビニで買えと指示された等々。

派遣法では、派遣労働者から苦情の申し出を受けたとき、派遣先企業はその内容を人材派遣会社に通知するとともに、人材派遣会社との密接な連携の下、誠意をもって遅滞なく、当該苦情の適切かつ迅速な処理を図らなければならないとなっているが、私が派遣先に苦情を言ってまともに対応してもらえたことは一度もなかったし、あとで人材派遣会社に苦情を言ってもメールの返事すら来なかった。

派遣労働者使い捨ての「待機」

日給一五〇〇円で働いたことがある。時給の印刷ミスではない。あくまで日給。そんなありえない条件をなぜ受けたのかと呆れる方が多いだろうが、人材派遣会社にうまく誘導されてしまったのである。

派遣先の人件費の削減要求に応えるのが人材派遣会社の身上だが、労働者を犠牲にしてさらに人件費を抑えるため「待機」という制度が作られた。当日に必要人員の増減があった場合の緩衝材であり、多くの人材派遣会社が採用している。労働者を派遣先に出勤させて待機させ、労働者が足りない現場があれば日勤者として働かせるが、すべての現場で人員が足りていれば始業時間直後の午前八時過ぎに帰宅を命じる。この場合の日当が一五〇〇円（日勤になるかもしれないので、あらかじめ別の派遣の仕事を入れることはできない）。

二〇一四年一〇月一〇日から一二日まで三日間の日程で、日本歯科学会が後援する歯科国際学会が横浜のみなとみらいにあるパシフィコ横浜の会議場ホールで開かれた。参加者三〇〇〇人以上という大規模な学会である。

B社という人材派遣会社に登録した直後にすすめられた。

「中沢さんは朝だけの待機に入ってもらえますか」

「日勤はダメなんですか」

「うーん、ちょっと年齢が高すぎるんですよねえ。当日、欠員があれば日勤に入っていただけますよ。待機分の日当は一五〇〇〇円」

「それはちょっと……」

「会場スタッフは二〇〇人近くいるんですよ。たいてい欠員が出ますから、ほぼ日勤になると思ってくださって結構です」

馬鹿正直な私は、それを信じてしまった。

「それと申し訳ないのですが、うちから派遣されるスタッフの点呼と報告をお願いします」

（点呼？　それって管理者がやることでは……）不本意ではあったが、断る理由も思い当たらなかったのでこれも受けることにした。

初日、B社の女性の言葉が空手形であったことを知る。全員が出勤したため点呼と報告をしただけでむなしく帰宅した。派遣女性の一人に話を聞くと、学会運営のアルバイトはイメージが良く女性に人気があり、次回も仕事に就きたいので気合を入れて臨む人ばかりだから欠勤者などいるわけがないと笑われてしまった。

朝六時に家を出て横浜の会場に七時に到着し、帰宅したのは午前一〇時頃。そんな時間からでは他の仕事もなかなか入れられず、一日分の日当が一五〇〇〇円。騙されたと気がついたがあとの祭り。派遣労働契約がある以上、翌日以降も出勤しないわけにはいかない。

派遣先責任者によるひどい仕打ち

二日目。点呼を開始すると人数が大幅に足りない。これはいったいどうしたことか……焦ってホール内を走り回った。

「B社の派遣の方で、点呼を受けてない方はおられませんか」

叫んでいると、後ろから乱暴に首根っこをつかまれた。

「馬鹿野郎、そんな会社ここには関係ねえんだよ」

会場の仕切りをするC社というイベント会社の三〇代と思しき会場責任者だった。

「でも、派遣会社の指示で点呼をしなきゃいけないんです」

「関係ねえの。外に出てろ」

C社は自前で人を集めず、B社に派遣を丸投げしていた。つまり孫請けに出していたわけで、その事実を主催者に知られてはまずい何らかの事情があったらしい。

会場の外に出ていると先の責任者が呼びに来た。受付を担当する一人が出勤してこないので日勤に入れという。

「それはありがたいのですが、点呼がまだできていません」

「ほんとにおまえは馬鹿だな。今日は半数が現場集合なの。こんなところにかたまっているわけねえだろ」

スタッフはそれぞれの持ち場に直接向かっていて、前日の集合場所には立ち寄りもしないのだった。それならそれで最初からわかっていたのだから、私が点呼を始めた朝七時の時点で教えてくれたらよさそうなものだ。私は本気で運営を心配していた。なのに、なぜ「馬鹿」などと言われなければならないのか。激しい怒りに襲われた。時給にも満たない激安の日当と合わせ、ここまででも相当なひどい仕打ちだが、彼らの悪質さはそれにとどまらなかった。

欠員補充として私が担当させられたのは演者受付。講師を務めるVIP待遇の医師たちを迎える特別な窓口だ。日本人だけではなく、米国、豪州、韓国、中国、台湾とさまざまな国から来ていて、英語で対応しなければならない。

急遽、近くにいた日本人の先生方に教えを請う。「歯科衛生士はハイジニスト」「歯科技工士はデンタル・テクニシャン」などと専門用語をメモし想定問答集も作った。準備万端整い、中国人のグループを所定の会場に案内しようとしていると、後ろから肩をたたかれた。先の責任者だった。

「何をしてるんだよ」

「中国人の先生方をご案内しているんです」

「おまえはそんなことしなくてもいいんだ。彼女来たから、おまえ帰って」

寝耳に水の宣告だった。私は頭が混乱した。つい一時間前に日勤を指示されたばかりだ。人材派遣会社にもそう伝えてある。派遣労働者である私を雇用しているのは人材派遣会社のB社であり、派遣先（イベント会社）のC社ではない。日勤に入るか、他の派遣労働者と交代するかの指示はB社から受けるはずだ。だが、このC社の会場責任者はさも当然のように私に直接、帰れと命令している。

「いや、想定問答集も作りましたし、できればこのまま……」

「帰れって言ってんの。ジジイが受付じゃ主催者に印象悪いしな」

日勤を告げられた時点で、私は午後の予定をキャンセルしてしまっていた。今さら帰れるものではない。差別的な言動といい、これではあまりに理不尽だ。私は黙ってその場を動かなかった。

「何だよ。そんなに仕事がしたいんか」

「ええ、できればお願いしたいんですが……」

私がお願いする筋合いの問題ではない。相手が法律を破っているのだ。

「ちっ、しょうがねえな。どこに入れるか考えるから外に出て待ってろ。パスは返せ。ホールの中をウロチョロするな」

またもや会場の外に追い出された。最後に折れたということは、この責任者も自分の指示が違法であることはわかっているのだろう。

さっきまで私が座っていた席には、連絡も入れず大幅に遅刻したとんがった顔をした若い女が座っていた。私が作っておいた問答集のメモを彼女がくしゃくしゃ丸めてゴミ箱に捨てるのが見えた。

一日中倉庫で重さ二〇キロのスーツケース運び

結局、私はクロークのバックヤードに押し込められた。細長い八畳間が三つ並んだうなぎの寝床のようなほこりっぽい倉庫で、客が預けたスーツケースやバッグを順番に整理するのが仕事。その数およそ八〇〇。倉庫内の仕事は激務なので、ほかの若いスタッフたちは楽な受付と倉庫内作業とを交互に行うローテーションを組んでいたが、あとから入った私だけはローテーションに入れてもらえず終日倉庫だった。

受付から「グリーンの45」「オレンジの142」などと数字を指定されると、そのバッグを探し出して受付に運ぶ。広さに余裕がなく通路にもバッグが置かれているため、外国人客の二〇キロもある重いスーツケースでもキャスターを使えず手で持ち運ぶしかない。午前中だけでくたくたに疲れてしまった。

それでも黙々と荷物の出し入れをしていると、くだんの責任者が用もないのにバックヤードまでやってきて荷物の配置換えを指示した。せっかく工夫して番号札順に並べて滞りなく出し入れできているのに、マニュアルのやり方と違うから一列全部一〇〇個ほどを右から左へ移せと言う。

穴を掘っては埋めるという、何の役にも立たない作業を強要されて自殺した囚人のエピソードを思い出した。私が責任者の帰宅指示に従わなかったのが、よほど腹にすえかねたらしい。C社とB社はいつも自分たちの都合や気分によって、同じような所業を派遣労働者にしているのだろう。

三日目の朝、もう点呼などしてやるものかと思ったが、B社の女性社員に懇願されて各持ち場をまわった。情けないが、私は女性に弱い。

会場は直径五〇〇メートルもの広さで分散し建物は五階まである。小走りに移動しても一時間以上かかってしまった。ようやく終わったのは九時近くで、やはり欠員はなくB社に確認の電話を入れた。

「今日も欠員はありませんでした」

「ご苦労さま。解散して下さい」

「これは一時間の残業になりますよね」

「ああ、そういうのうちはやってないんですよ」
激しい徒労感に襲われ抗議する元気もなかった。それにしても労働基準法を堂々と破る人材派遣会社がいくつもあるのには恐れ入ってしまう。年に一度の国際学会というハイクラスなイベント会場がブラック職場であることを、歯医者のみなさんはご存知ないのだろうか。

人材派遣会社二〇代社員の異常な高収入

ここ数年、人材派遣業界は増殖を続けている。一九九九年には九六七八ヵ所だった全国の事業所の数は、二〇一二年には七万以上に膨れ上がった。詳細については第四章で触れるが、経済規模が日本よりはるかに巨大な米国の三倍、日本とほぼ同じドイツの一〇倍以上という異常な数である。日本だけが大増殖したのは、人材派遣の仕組みが欧米ではとても金儲けできるようになっていないからだ。

人材派遣会社の社員は総じて若く健康そうな若者たちだ。東京のあるテレビ局が、「夜遅くまで頑張る人材派遣会社の若者たち」なるノンフィクション番組を放送したことがある。人材派遣業の実態など知らず、若者たちが夜中まで電話をかけまくって労働者の手配に明け暮れる様子を印象的に撮影しただけの「ど根性番組」だった。

密着取材された新入社員は、人生の目標を問われると、「社内には二五歳で年収三〇〇〇万円以上のすごい先輩が大勢いる。僕も彼らを目標にして頑張っている」と語っていた。生きる目標が金儲けなのは本人の勝手だとしても、二五歳で年収三〇〇〇万円とはいくらなんでも異常だ。

役員でもないのにそんな年収を得られるサラリーマンは、外資系金融のディーラーなど特別な職業に従事するごくわずかな人々だろう。そんな職業にしても入社二～三年の駆け出しではありえない。経験を積んで責任ある立場になって初めて得られる額だ。

つまり大学を出てすぐに数千万円の高収入を得られるのは、この日本で人材派遣会社だけなのである。

給与が出来高制の人材派遣会社に勤める社員から私も聞いたことがある。同じ二〇代半ばで年収は管理部の女性三〇〇万円から営業部の男性二〇〇〇万円と七倍近い差があるという。

人材派遣会社が儲けているのは営業努力の成果だという反論もあろうが、その陰には時給九〇〇円で過酷な労働を強いられるおびただしい数の労働者の犠牲がある。日本の労働市場はいつからこんな歪んだ状況になったのか。

人材派遣会社の違法行為が最初に問題になっていた頃、同業である「ザ・アール」の社長である奥谷禮子氏は週刊東洋経済の「雇用融解、これが新しい日本型雇用なのか」（二〇〇七年）という、若者の貧困化や人材派遣の拡大を論じる記事中で格差論議に関してこう主張している。

〈下流社会だの何だの、言葉遊びですよ。社会が甘やかしている。自分が努力するとか、自分がチャレンジするとか、自分が失敗するとかいうことを、そういった言葉でごまかしてしまっている〉

要するに労働者の境遇はすべてが自己責任だと言いたいらしいが、政府に甘やかされているのは人材派遣会社ではないか。

企業向けに合理化を指南するコンサルタントが引く手あまただ。大手人材派遣会社の中にもそうしたコンサルタント業を事業の柱にしている会社がある。「アウトソーシング促進」「古く硬直した組織の合理化」「適材適所の社員配置」「社員の能力に応じた再就職支援」などの名目を掲げてリストラ促進を請け負っている。「組織・人事のソーシャルソリューション」などと名称はハイカラだが、要するに企業に入り込んで組織改編と人減らしを促す事業だ。

コンサルタントや人材派遣会社は退職後の労働者のケアをしない。現実問題として四〇代や五〇代のリストラされた社員を正規に雇用する会社はほとんどない。自力での転職や独立に失敗すればほぼ再起不能。非正規労働者となって人材派遣会社に頼らざるを得ない。人材派遣会社が便利に使える労働者がさらに増える。一粒で何度も美味しいビジネスだが、それによって労働者の賃金や待遇など労働環境が全般的に悪化したことは否めない。

求人サイトの矜持と責任

人材派遣の仕事への入口は、リクルート系の「フロムエーナビ」や「バイトル・ドットコム」といったインターネットの求人サイトにたくさん掲載されている求人広告である場合が多い。働きたい職種があればその情報を詳しく載せている画面に飛んで、求人情報を出している人材派遣会社にネット経由で申し込む。選考に通れば派遣会社へ出向いて登録手続きをする。

求人サイト両社に営業方針を尋ねると、それぞれ独自に掲載規約を定めており、それを読んで納得した業者だけに申し込んでもらうとしている。両社から掲載を断る場合もあるが、それは暴力団系の企業や違法な商品を販売している会社、あるいは性風俗関連の求人だという。基本的には一般派遣業の許可を得ている業者に限っているので問題はないとしている。

だが、私が悪徳商法関連で取材したことのある人材派遣会社は、会社登記も一般派遣業の許可も得ていなかったはずなのに、ある求人サイトに掲載されていた。

掲載する情報が真実か否かは業者まかせだ。人材派遣会社の詳しい中身や求人内容の真偽について事前に調べることはない。ほぼノーチェックだから、業者に悪意があればどんな虚偽情報でも掲載されてしまう。

求人サイト側はこんなコメントも出している。

「掲載された求人情報を読んだだけでは実際の状況が完全には伝わらないこともあります。本当に正しい情報を事前に得るためにはご自分でよく確認することが必要です」

情報を提供する側が、利用者に内容を自分で確認しろとはどういうことか。労働者が働いた後に掲載情報が間違っていたとクレームを出した場合、求人サイトでは詳しい内容の報告を労働者側に求め、審査の上、業者に対する改善の申し入れや以後の掲載拒否などの措置をとるという。クレームを申告するための画面を用意している会社もあるが、記入項目が多く煩雑で、派遣先や人材派遣会社に問い合わせないと書けない項目もあり、見た途端に報告をあきらめるようなしつらえになっている。

そして、人材派遣会社や派遣先に明白な違法行為があったとしても、そうした会社と労働者を結びつけたネット業者が、労働者に謝罪や損害の補償をすることはいっさいない。当事者同士で話し合うべきことであり、それが不調なら国や自治体などの公共機関に相談するのが筋だという。

労働者を美辞麗句で釣って違法な人材派遣会社に誘導しておきながら責任はないとする態度に、問題はないのか。求人サイトがそんなスタンスだから、人材派遣会社は安心して虚偽情報だろうと誇大広告だろうと掲載してしまうのではないか。

ヤラセだった英会話通勤バス

その筋の方々には申し訳ないが、私は求人情報を扱う大手企業をあまり信用していない。

大阪のテレビ局に勤務していた頃、ある求人情報企業から「英会話通勤バスが大人気」という広報資料がまわってきた。大阪府北部の千里ニュータウンにある千里中央駅から大阪市内のビジネスの中心地淀屋橋まで直通の通勤バスが仕立てられた。車内では道中およそ四〇分間、英会話の講習が開かれ、若手ビジネスマンらに大人気だという。

資料を見たときから不思議ではあった。電車の通勤定期を持っているサラリーマンが、片道だけ余分なお金を払ってバスを利用するだろうか。合理主義でケチと言われる大阪のサラリーマンが電車賃をドブに捨てるなどありえない。英会話と言ってもバスガイドのように大勢を相手にレクチャーするなら会話訓練になりようがない。さまざまな疑問が湧いたがとにかく取材に行った。

なるほど、月曜日朝のバスは若いサラリーマンらでほぼ満席だった。バスが走り出すと走行音をかき消さんばかりに全員で唱和する。講師は席を移動しながら一人ずつ質問し回答させる。そのやり取りもなかなか歯切れが良い。

到着後、乗客らにインタビューを試みた。ところがバスを降りるや否や、客の誰もが逃げる逃げる。一人もインタビューさせてもらえなかった。せめてどんな会社のサラリーマンか知ろうと追いかけたら全員が同じビルに入っていく。何のことはない。全員サクラだったのだ。

昨今の労働事情についての理解にも、求人サイトには違和感がある。

AERA二〇〇七年一二月三日号によれば、政府の再チャレンジ政策で若年向けハローワーク「ジョブカフェ」運営の再委託を受けたリクルートは、プロジェクトマネージャーの日給を一二万円、事務スタッフには日給五万円を計上したという。単なる事務スタッフならリクルートのフロムエーに掲載されている人材派遣会社の時給九〇〇円の派遣労働者で十分だろう。事務職に日給五万円が妥当というなら、フロムエーに低賃金広告を出している人材派遣会社に是正を呼びかけるべきだ。底辺の労働者からピンはねしている人材派遣会社から上前をはねているという点で、人材派遣会社も求人サイトも根っこは同じで協力関係にあると思えてならない。

リクルートは二〇一四年に東証一部再上場を果たし一流企業の仲間入りをした。日本の大多数の労働者の人生を左右する影響力のある会社なのだから利益を追求するだけでなく、トップ企業としての矜持、社会的責任を意識した営業をしてほしい。

日雇い派遣の原則禁止問題

労働者派遣に関する規制は、労働者派遣法のほか、労働者派遣施行令、労働者派遣法律施行規則、派遣元事業主が講ずべき措置に関する指針、派遣先が講ずべき措置に関する指針、日雇い派遣労働者の雇用の安定等を図るために派遣元事業主および派遣先が講ずべき措置に関する指針があり、派遣先企業と派遣元の人材派遣会社が守るべき点について規定している。

だが、それでも派遣労働者は人材派遣会社や派遣先企業の違法行為によって、人権蹂躙にさらされている。政府・労働行政もそれを認識しているからか二〇一二年の法改正の目玉として「日雇い派遣労働の原則禁止」を打ち出した。

それ以前には、労働者派遣を業種だけで規制してきたが、労働形態が問題にされたのはこれが初めてで各方面の議論を呼んでいる。

改正派遣法三五条の三は「日々または三〇日以内の期間を定めて雇用する場合」を日雇い労働者と定めこの派遣を禁止したが、同時に二つの例外規定も定められた。

1．日雇い労働者の適正な雇用管理に支障がないと認められる政令で定める業種。

2．雇用機会の確保が特に困難で、(日雇いによる)労働者の雇用継続等が必要と認められた場合。

1．で定められた業種は、コンピュータソフトウエア、機械設計、通訳、財務など専門性の高い業種だ。一九九六年の法改正で派遣が認められた二六業種に準じる。ただし放送番組の制作業務は日雇い派遣では禁止事項とされた。テレビ業界でのいわゆるＡＤ（アシスタント・ディレクター）の若者たちの小間使い的な酷使が問題になったことを反映している。

2．は継続的な雇用先を確保しにくい立場の人々で、四つのカテゴリーが上げられている。①「六〇歳以上の高齢者」②「雇用保険の適用を受けない学生」③「本業で年に五〇〇万円以上の収入があり日雇い派遣を副業とする者」④「世帯収入が五〇〇万円以上で、なおかつ主たる生計者ではない」。

この四条件のどれかに該当しなければ、日雇い派遣労働には従事できない。

また日雇いに限らず派遣労働全般において二〇一二年法改正の付帯決議として、「優良な派遣元事業主が育成されるよう、法令遵守の一層の徹底、派遣労働者の労働条件の改善等、労働者派遣事業適正運営協力員制度の活用も含めた適切な指導、助言等を行うこと」が定められた。「優良な派遣元事業主が育成されるよう」という文言は、図らずも現状では優良企業は少ないとの認識を明らかにしたと言える。

近来稀に見る悪法

さて、先に掲げた①〜④の日雇い派遣四条件だが、立法の趣旨はともかく、規制の対象や内容が社会の実態に合わないため完全なザル法になってしまっている。近来稀に見る悪法と言えるかもしれない。

日雇い派遣でなければ雇用機会の確保が困難な労働者や、生業で十分な収入があり副業として働きたい人には、一定の条件を付して日雇い派遣を認めるという四つのカテゴリーのうち、①と②は問題ない。お年寄りは長期継続派遣では中高年同様まず相手にされないし、たとえば昼間部の学生は授業があるからシフト勤務も困難だ。学校行事等の制約もある。日雇い派遣がなければ干上がってしまう。

問題は③と④だ。自分か同居の世帯主が本業で高い収入（五〇〇万円以上）を得ていないと、日雇い派遣に従事することは禁止している。③と④に該当する場合は、就業前に確定申告書や給与証明書を人材派遣会社に提出して証明しなければならない。

人材派遣会社が貧しい労働者を日雇い派遣で就業させられないようにして、結果的に企業側に労働者の継続的雇用を促すという趣旨だ。日雇い派遣に頼るしかない労働者の生活改善を意図したと言われれば、遠回りで間接的だが間違いではない。

これによって何が起こったか。中小企業に勤務する年収三〇〇万円の男性社員（五〇歳）は、住宅ローンの補塡のため土日に行っていた日雇い派遣ができなくなった。また、年収二〇〇万円の臨時教員（三五歳）も、日雇い派遣ができなくなり月々五万円の家賃が払えなくなった。いずれも家計が崩壊しかねないたいへんな事態である。

ほかにも「家族の介護でフルタイムの継続勤務やシフト勤務は無理」「子供が病弱でいつ熱を出すかわからない」など、行けるとわかったその日限りの仕事しかできないという人がみな、困ってしまった。

現状、厚生労働省が発表する資料の中に「日雇い派遣にしか頼らざるを得ない国民の数」という統計はない。厚生労働省によれば把握不可能ということだが、決して少ない数ではないだろう。日雇い派遣に頼るしかない人々が、こともあろうに法改正によって日雇い派遣の世界から閉め出されてしまった。ピンはね人材派遣会社に継続雇用義務を課すのではなく、単に底辺の労働者に無理を強いて困らせる制度を「これが労働者救済だ」と言い張る思考回路が私にはよくわからない。

だが、幸か不幸か、この制度はまったく機能していない。貧しい労働者はほかに行き場がないから、従前通り日雇いを希望して人材派遣会社に集まってくる。

人材派遣会社が労働者に対し「証明書の提示」を義務づけることがこの制度の前提だが、人材派遣会社は労働者を派遣できなければ日銭が入ってこないから労働者を自ら追い返すようなことはしない。

現に、先の①～④にあてはまらない私が派遣登録、あるいは登録の問い合わせをした人材派遣会社は三〇社ほどだが、ほぼすべての会社が四条件については一枚の書類にサインするだけで、証明書の提出は不要だった。

実際、日雇い派遣の現場で話を聞いてみると、年収やっと二〇〇万円程度の労働者ばかりだった。年収五〇〇万円以上の人など会ったためしがない。年収五〇〇万円で経済的に余裕のある人が奴隷派遣の現場で一度でもこき使われたら、二度と人材派遣会社には寄りつかないだろう。集まるのはいつも四条件から外れた貧しい労働者ばかり。厚生労働省は労働者の貧困化を防ぐという大目標を掲げたものの、抜本的な解決を財界や人材派遣業界に求めると反発されると心配したのだろう。

一方、日雇い派遣労働者は団結できないし政府に抗議する力などないからやりやすいと考えたのではないか。風が吹けば桶屋が儲かる式の迂遠で面妖な規制は、ただただ残念な結果になった。

中高年が職に就けない現実

二〇一〇年頃までの第二世代の人材派遣会社に食いものにされた犠牲者は二〇代、三〇代の若年労働者が多かった。だが、二〇一五年の今は違う。二〇〇〇万人を超えた非正規労働者のうち、六割以上が四〇代以上の中高年だ。

リストラで正社員の地位を追われた、老親の介護のために会社を辞めて田舎に帰った、賃金カットで住宅ローンが払えなくなった、年金が少なくて生活できないなど困窮する中高年や、病気の子供の看病でシフト勤務すらできない母親、子供の高い学費を補いたいとダブルワーク、トリプルワークをする両親等々、多くの人々が本業の低賃金や、すずめの涙ほどの年金にため息をつきながら、暇を見つけて派遣労働に通っている。

背景には中高年の「まともな働き口を見つけにくい」という事情がある。年齢に関して雇用対策法は募集及び採用の際に、原則としてその年齢に関わりなく労働者に均等な機会を与えることを事業主の義務としている（雇用対策法一〇条）。

これは派遣労働者にも適用され派遣契約においては年齢で差別してはならないとされている。

また、十数年前の各種労働法の改正で、年齢や性別で募集段階から選別することが禁止された。法制度においてはこれでもかと是正措置がとられている。だが結果がついてこないのは労働者派遣法と同様だ。

今や、中高年が定職にありつくのは至難の業だ。ハローワークで求人検索をしても、営業や総務、経理などの事務職につけるのは三五歳位まで。長期継続アルバイトのテレフォンオペレーターなども期待薄だ。

二〇一五年現在、多くの大企業が新卒採用には意欲的と伝えられる。だが、正規社員削減の傾向は変わらず中途採用のハードルは非常に高くなっている。

人材派遣会社に再就職した三三歳の男性。彼は大手企業の人事畑で一〇年勤務し、まだ若いから再就職は容易だと思っていたという。自身の就活経験と合わせて現状を語ってくれた。

「今の人事の採用方針として、三〇歳以下の男性にはとにかく会ってみるんです。潜在的な力を見るから実績は必要ありません。逆に三五歳以上は自社の社員以上の飛びぬけた実績がなければ即書類廃棄で、ほとんどひっかかりません。その中間の三〇～三五歳は若者より低評価で実績も求められ、やはり平凡ではダメですね。私も多くの企業から相手にされず焦りました。三三歳は再就職定年ぎりぎりだったんです。結局、あまり気は進みませんでしたが、以前勤めていた会社を通じてオファーがあった人材派遣会社に転職しました。女性の再就職は三〇歳までが許容範囲ですが、二五～三〇歳は結婚、出産等により短期で消える可能性が高いので、たとえ仕事がよくできそうな人でも年齢が下の人には負けます。自分が担当している派遣労働者の中に二九歳の非常に優秀な女性がいて彼女の就活の相談に乗っているのですが、面接で『どうせすぐに休職か退職なんでしょ』などと言われるそうです」

正規社員としての再就職は女性が三〇歳、男性は三五歳が限度で、さらに低年齢化が進行している。男女共に四〇代以上は直接雇用など絶望的ということだ。

派遣の仕事ではどうか。実はびっくりするような好条件、高給のアルバイトも少なくない。有名アーティストのコンサート運営スタッフ日給一万五〇〇〇円などという例もある。仕事は会場の案内係やチケットもぎり、キャラクターグッズの販売などで決してきつい仕事ではない。東京ビッグサイトや東京国際フォーラムなどでの大手企業の製品展示会やシンポジウムといったイベント運営もよく目にする。仕事内容は受付や案内、パンフレットの配布といったごく軽い作業だが、クライアントが大手だからか時給が高く一八〇〇円。

だが、こうした魅力的な派遣仕事は若い女性をターゲットにしており、次が若い男性、それで埋まらなければ仕方なく中年女性であり、中高年以上の男性にはまずまわってこない。

「年齢制限なし」の「裏メッセージ」

求人広告では年齢制限の文言はまったく見当たらない。だが、採用選考の現場は本音で行われる。需要が多いのに総数が減りつつある若年労働者に対しては、求人側も多少は気を使うが、「見かけや運動能力が経年劣化して人気のない中古マシン」（＝中高年労働者）は市場にあふれている。

ちなみに、求人広告に年齢や性別の制限は明記されていないが、私が一年の日雇い派遣を通じて学んだ「裏メッセージ」がある。たとえば、「二〇代、三〇代の女性が活躍中」とあれば、若い女性以外は採用する気がないという意味だ。「元気な学生さんが多数います」は、声の大きな体育会系のノリの学生を求めていると読む。「大勢の仲間ができます」とあれば、「協調性に乏しく内気な人は来ないでね」という意味。いちいち広告の裏を読まねばならないのは本当にめんどくさい。

仕事をいくら申し込んでも同じ文面のお断りメールしか来ない。採用の場合、メールの件名は「おめでとうございます」だが、不採用の場合は「選考結果のお知らせ」だ。パソコンで受信メールフォルダを開いて、「選考結果のお知らせ」が十数件ズラズラ並んでいるのを見たときは、「自分は世の中からこんなに必要とされていない存在なのか」とさすがにへこんだ。

ただ、メールで断ってくる会社は余分な手間が無用なだけまだマシだ。「〇〇士センター」という資格講習会を運営する会社がアルバイトを募集したことがある。時給が高く全国津々浦々の会場に出張できるなどなかなかの好条件だったため、面接会場には私も含め多くの中高年が殺到した。だが面接後、誰もが憤懣を露わにした。採用担当の若い社員は履歴書と職務経歴書を一瞬しか見ない。そして「こちらから聞くことはありません」と言って沈黙する。応募者は居たたまれなくなって部屋を出る。

話をしてみると中高年の多くが同じ扱いで、最初から落とすと決めていながら都心まで呼びつけていたことがわかった。

公的なポジションの企業にありがちだが、採用担当者はアリバイ作りのために応募者を一応集める。応募段階で年齢を基準にして選考すれば雇用対策法違反になるし、面接を実施せずに若い女性だけを採用すれば、上司や同僚から怠慢と言われかねず、あらぬ疑いをかけられるかもしれない。

面接に呼ぶ人数が多ければ、表向ききちんと合法的に選考をしているように見える。中高年はその演出の道具に使われているのが実態だ。まことに悔しいが、中高年が好条件の仕事の面接に呼ばれたら、まず自分はダミーである可能性を疑ったほうがいい。

「三種の辛技」

驚くべきことに求人サイトからは「五〇代以上でも働ける職場」なるメールが送られてくる。雇用対策法で年齢差別をしてはいけないと強調されているというのに、就職情報企業はチェックが甘いのか、時々ポロッとこうしたうかつなメールを送ってくる。だが、翌日には「五〇代に大人気の職場」という文言に変えられていた。

そうしたメールを開くと、中高年への求人の実相が見えてくる。時給九〇〇円、八五〇円といった低賃金で交通費なし。職種は警備、清掃、介護ばかり。三つとも中高年がすんなり採用される職種の代表格で、「三種の辛技」と呼ばれている。

時給一五〇〇〜二〇〇〇円といった好条件の職場では「中高年お断り」が前提になっていることが、はからずもこのメールで確認できた。

求人企業の多くが横並びでそうしているわけで、我々中高年にとっては凍りつくような現実だ。労働行政の建前と労働市場の実態はここまで乖離してしまっている。時給九〇〇円で一日八時間働くと日給は七二〇〇円、これが一ヵ月二〇日間で月給は一四万四〇〇〇円。交通費が一日一〇〇〇円かかるとして手取りは一二万四〇〇〇円。さらに社会保険等が引かれたら一〇万円も切ってしまうだろう。

常に大量の求人がある飲食店員や物品の販売員ですら中高年は敬遠されてしまう。へたに中高年を採用すると売り上げに響くという説が業界に広まっているからだ。

有名ハンバーガーチェーンのマクドナルドは中高年の採用を積極的に行っている。モスバーガーでもモスジーバー（モスのじじいとばばあ）などと呼ばれ活躍が伝えられている。中高年にとって喜ばしい状況になりつつあるように見える。だが、がっかりさせて申し訳ないが、飲食業界向けの多くのコンサルタント業者が外食産業にコンサルする際、口外無用の厳秘項目の一つとして「中高年忌避」をあげている点を見逃すことはできない。

曰く、店から若々しく活気ある雰囲気が失われる。曰く、自分よりはるかに年上の店員には客が遠慮してしまいストレスを感じさせてしまう。曰く、若者は多くの仲間を求めて他の若年者のみに絞ったチェーンに行ってしまうから店員が中高年ばかりになってしまう。曰く、年配者は切れやすく客とトラブルになりやすい。曰く、手や顔に清潔感が乏しい人が多く清潔好きな客に敬遠されやすい等々。

実際にマクドナルドもモスバーガーも売り上げはここ数年、不振が続いている。経済紙誌では価格政策の失敗やコンビニとの競合激化などが原因と説明されているが、表に出ることのないコンサルの経営指導の場では「クルーの高齢化」が原因の一つと断定されている。コンサルタントの分析が本当に正しいのかどうかは問わない。しかし、実際にそうした「指導」が行われているため、中高年が働ける場は狭まっていくばかりだ。

いい加減な「人間キャッチボール」

労働基準法と労働者派遣法によって派遣労働者は保護されていると労働行政は言う。だがこれら二種類の法律は矛盾している。

人材派遣は全般的に労働者の収入を削減して企業経営者と人材派遣会社を利する制度だが、経営者にとってもう一つの大きな魅力は人事管理の消滅だ。

派遣労働者を雇用しているのは人材派遣会社で、派遣労働者と派遣先の企業との間に雇用関係はないから、社員を直接雇用した場合に企業に生じるさまざまな人事責任を回避できる。責任を回避できると言われれば好きなようにこき使ってよいと解釈するのが自然だろう。それを禁じるため、派遣法は、派遣先企業にも派遣労働者の雇用管理について、労働者派遣契約に関する定めに反することがないよう適切な措置を講じなければならないと規定している。

だが、派遣先の「気配り義務」に罰則などないから、その誠実な履行を命じる経営者などいない。なぜなら管理責任が問われる正規社員ならいざ知らず、どう扱ってもよい派遣労働者に気を使って会社の利益を少しでも減らすなら、営利企業の経営者として失格だからだ。

では派遣労働者の権利を守る責任は、いったい人材派遣会社と派遣先のどちらなのか。人材派遣会社は派遣労働者の雇用主でその立場は極めて優越的だ。通常の企業の雇用主なら労働者が働かなければ大いに困ってしまうが、人材派遣会社は既存の登録労働者が働かなければ放置して新たに登録者を増やせばよい。代わりはいくらでもいる。

派遣労働者の側はというと、生活がかかっているから紹介された仕事を断り続けるという選択肢はない。いつかは人材派遣会社の軍門に下らざるを得ない。

かくして人材派遣会社と派遣先との間での極めていい加減な「人間キャッチボール」が始まる。ボールの種類や性能は問わない。どちらもボールを大事にしない。思った通りに飛ばないボールは捨てる。

労働基準法に刃向かう労働者派遣法

労働者派遣法は派遣労働者の保護にのっとり、人材派遣会社に対し特段の配慮を求めている。

派遣労働者が無期雇用の常勤労働者に転換できるよう措置を講じる努力義務や、派遣労働者が派遣先の正社員と変わらぬ待遇を確保できるよう配慮する義務など（派遣法三〇条〜四三条）、こうした条文は人材派遣会社の事業動機と矛盾する。派遣労働者が次々に無期限雇用の正規社員になってしまえば、人材派遣会社にとってはピンはねの手駒が減ってしまい、存続が危うくなる。

この法律は人材派遣会社に対し「登録労働者を減らして貴社が自然消滅するよう努力しなさい」と言っている。労働者からのピンはね搾取を禁じてきた労働基準法などに合わせれば「人材派遣なんかやめちまえ」という結論になるのは理の当然。しかし、その一般労働者派遣を認めているのが派遣法なのである。

派遣法にはこの種の「派遣労働者の保護との明らかな矛盾を必死に糊塗する条文」が少なくない。要するに一般労働者派遣それ自体が派遣労働者の保護と真っ向からぶつかるのだ。厚生労働省の官僚は二種類の性格が真逆な法律を整合させるのに四苦八苦している。

派遣法はまた、派遣労働者の保護からは好ましくない一般労働者派遣をあくまで一時的なものだと言い訳している。

実際には人材派遣会社は営業許可を得た後は、登録労働者からのピンはねをできるだけ長く続けようとする。NPOやボランティアではない営利企業で、ピンはねのほかに収益の上げようがないのだから当たり前のことだ。派遣法の立法者の想定が「お花畑」(現実を正しく理解せず夢想的という意味のネット用語)なのである。

派遣先にしても労働者派遣は「使いたい時に必要な時間だけ」働いてもらえるという認識だ。そうした要望をつき詰めていけば、「現場の状況次第で、労働者派遣契約を終了させることができる」となってしまう。これは第二章で詳述するように人材派遣会社が実際に行っている。

労働基準法は、就業規則上解雇事由を必ず明記させるとともに、解雇権行使の手続きについても解雇予告をすることとし、また、解雇権行使の理由についても、客観的に合理的な理由があり、社会通念上相当性が認められる場合でない限り、解雇権を濫用したものとして無効とする。その言わんとするところは「簡単に解雇してはいけない」だ。ところが派遣法の趣旨は「使いたい時に必要な時間だけ」。いったいどちらを信じればいいのだろう。

派遣法は労働基準法に刃向かう形で労働者を便利に扱い解雇しやすくしているのだから、厚労省の官僚がいかに優秀でも整合させるのは難しいだろう。

派遣労働者の雇用劣化を一応認識している厚労省は数度の派遣法改正に加えて、人材派遣の要であるマージン率の公開を義務付けた。これによってかつては一部で五〇パーセントにも達していたピンはね率は三〇パーセント程度に抑えられている。

申し訳ないが、厚労省の人材派遣関連の施策で効果が多少でも認められるものはこれだけである。

第二章　人材派遣が生んだ奴隷労働の職場

――ノロウイルス感染者に「大丈夫ですから勤務に行って」

極限まで単純化された派遣労働

埼玉県内に住む五〇代の女性は、有名カフェチェーンの洋菓子工場への派遣の仕事を受けた。長く近所の弁当屋で働いていて、総菜の盛りつけは楽しく、さまざまな料理レシピも教えてもらえた経験があり、今度は本格的なお菓子作りに挑戦しようと意欲的だった。労働契約時の説明は、「お菓子の工場での製造補助。女性に大人気の職場。パティシエにお菓子作りを教えてもらっちゃいましょう」といった内容で、いかにも楽しそうなイメージでわくわくしたという。ただ、具体的な作業内容は教えてもらえなかった。

現場はJRの駅から徒歩で三〇分、道行く人も少ない工場街の一角にある灰色の建物で、華やかなカフェのイメージとは程遠く少々がっかりした。その上、菓子製造所の室内の気温は一〇度程度と寒く、彼女が配置された流し台のあるコーナーは消毒液の塩素ガスがたちこめる密室で、指示されたのはイチゴのへた取りだった。流し台の左側にはパック入りのイチゴが山になっていて、それを洗浄しながらへたを取って右側のトレイに並べていく。

冷たい流水にずっと両手を浸しての作業で、しばらくすると両手が真っ赤になって感覚が失われていた。六時間の勤務中、途中休憩三〇分以外はずっと同じへた取りで、その間、パティシエに指導してもらえるどころか、ケーキを目にすることもなかった。

イチゴと強烈な塩素臭がセットでトラウマになり、その後しばらくは、スーパーでイチゴのパックを見ると塩素臭がよみがえって手を出す気になれなかったという。

彼女はそれに懲りず、大手製パン会社のクリスマスケーキ量産工場への派遣を受けたこともある。深夜、メーカーの社員とベテランらしいパートのおばちゃんの指揮監督の下、派遣労働者による単一作業をいくつも組み合わせた完全な流れ作業だった。

ケーキのスポンジをセットする人は、ダンボール箱からスポンジを出してひたすら定位置に置く。生クリームをかきまぜる担当はひたすら大きなしゃもじを動かす。できあがったケーキを納める箱の担当は、平らに折り曲げられた厚紙を折り目にそって開いて立体的な箱の形にする作業をひたすら続ける。

ケーキの仕上げの生クリームや飾りを盛る作業だけは派遣ではなく、直接雇用のパートが担当していたらしい。彼女は八時間、生クリームをかきまぜ続けた。「もう菓子工場の派遣はコリゴリ」だと言う。

「有名なパティシエがテレビで『生クリームはかきまぜ方が悪ければどんな良い素材を使っても台無しだ』って言ってたんですよ。自分のことを言われてるようで恥ずかしかったです。だってコツなんてぜんぜん教えてくれなかったんですよ」

（コリゴリの理由はそっちですか？）とずっこけてしまったが、このように仕事を細分化、単純化させて、知識も経験もない派遣労働者でもすぐにできるようにするための職場改造が着々と進められている。

第一章で私が経験したカレンダー製造現場と同様、人材派遣会社やコンサルタントの指導を受けた派遣先企業の製造現場は、喜劇俳優兼映画監督のチャップリンが今から八〇年も前に映画「モダン・タイムス」で皮肉たっぷりに描いた非人間的な同じ作業を繰り返す産業革命初期の世界に逆行してしてしまった。

巨大ダンボール箱と格闘した中高年の「善意」

労働を極端に単純化することのメリットは、派遣労働者を指導なしですぐに使えるというだけではない。派遣先は仕事場に責任者はおろか指導役の社員すら張りつかせる必要がない。最初に一言指示したあとは、所定の時間ずっと一人で働かせて、時折仕事ぶりをチェックするだけで済む。

都内に住む六〇代の元商社マンの男性は人材派遣会社から「倉庫内での軽作業」との説明を受け、千葉県船橋市近郊の倉庫に向かった。やはり仕事内容について具体的な説明はなかった。現場で割り当てられた仕事は倉庫に積み上げられたダンボール箱の解体だった。冷蔵庫などの白物家電を入れるような自分の背丈以上の大きな箱ばかり。ダンボールは分厚く、ガムテープでがっちり固められていた。

現場で彼は途方に暮れたという。素手ではダンボールをしっかりつかめないし、合わせ目のガムテープは粘着力が強く道具がないとどうにもならない。派遣先の社員に何か道具をと頼みに行ったが、「派遣用は特に用意してないので、すみませんが……」と断られてしまった。仕方なく彼は、倉庫までの道すがら作業用品の専門店があったことを思い出し、走って店に行き大きめのカッターナイフと手のひらにイボのついた軍手、マスクなどを購入した。時給九五〇円と低賃金で吹きっさらしの倉庫内という劣悪な待遇なのに、不満も言わず自腹を切って工夫してしまうところはいかにも日本の高度成長を支えてきたビジネスマンらしい。そんな中高年の善意につけ込むのが人材派遣会社の嫌らしさだ。

業務の能率を上げるために必要な道具も与えないとは意外に思われるかもしれない。しかし、自社の社員と派遣労働者の扱いは「きちんと分けるべき」という方針の派遣先は多い。用具は雇用主である人材派遣会社が準備すべきと派遣先では認識されている。

一方、人材派遣会社は労働者の用具にまで配慮する気などさらさらない。そんな無責任な「人間キャッチボール」の中ではいつまで待っても用具はそろわないから、派遣労働者は自腹を切って用具をそろえなければならない。

それにしても、だ。このケースのように現場で初めて用具が必要なことがわかり困惑するのはどうしてなのか。言うまでもなく人材派遣会社は業務の正確な内容を労働者に伝えた上で了承をとり、派遣先の職場環境を調査して労働者をケアする責任がある。だが、「大きなダンボール箱の解体」「塩素ガスの中でのイチゴのへた取り」などとはっきり書いてしまうと、恐れをなして誰も来てくれないと考えるのだろう。情報をぼかすケースが少なくない。

約七時間、厚手のダンボール箱と格闘した元商社マン氏は、ひじや肩が痛くなり、翌日は指に力が入らずパソコンのキーボードを打てなかった。現場で身の危険を感じることもあった。孤軍奮闘しつつ、天井にも達するダンボール箱の山に目をやるたびに、一気に崩れてきてけがをしそうで気が気ではなかったという。

労働者派遣法は人材派遣会社と派遣先企業に対し、労働者が安全な環境で働けるよう協力して整備しなければならないとしている。そう彼に伝えると、「危険な職場だからって、いちいち文句言ってたら疎まれるだけ。あなたも元会社員なら相手の立場になって考えてみなさいよ。派遣先がその場ですぐに改善できるわけがないでしょ。言ってみたところでどうせ無理なんだから、派遣は自分の身は自分で守るんです」。

前向きなのか後ろ向きなのか、よくわからないコメントだった。

人材派遣の定番「ピッキング」で実はトラブル続出

「細分化、単純化された作業なら素人の派遣労働者でもすぐに活用できる」

労働者派遣法に後ろ足で砂をかけるようなこうしたポリシーが、現代の人材派遣会社の派遣先企業に対する売り込み方だ。しかし、ものごとには何でも限界がある。物流系の倉庫などで注文伝票に従って商品や素材をピックアップして仕分ける「ピッキング」という業務がある。物が軽い場合は手で持ち運ぶが、重い場合は平たい台車や「カゴテナー」と呼ばれる高さ二メートルほどの丈夫な鉄棒を組んだ運搬具を使う。誰にでも簡単な作業として人材派遣業界では定番の現場になっている。私もやってみたが、どうしてどうして「イチゴのへた取り」などと違い、かなり複雑で練度と注意力が必要な仕事だった。

書籍や衣服、小物など柔らかくて破損しやすい物は、カバーリングなどいくつかの段取りをこなす必要がある。書籍の場合、まずダンボール箱に入れられた書籍を箱から出して検品する。この最初の作業は「展開」と呼ばれる。書籍は完全な形で届くとは限らず、すでに傷ものになっていることが少なくない。箱詰めの段階で乱暴に扱って傷がつくこともあるし、トラックで運ばれる際にダンボール箱の中でこすれて角の印刷がはげて白くなってしまうことがある。日本の商習慣として、商品の瑕疵《かし》はどんなに小さくても必ず返品の対象になってしまうから検品に手を抜くわけにはいかない。

ピッキングの段階で発見できず下流（小売店や通販）に流れてから発見されれば、その分は丸々この派遣先企業の損失になる。「展開」の段階で発見できて上流（運送会社や出版社）に戻せれば損失は回避できる。単に商品を箱から出しているように見えて実は細心の注意が必要だった。

派遣労働者に損害金を請求

朝礼（日雇い派遣の多くの現場では、仕事を始める前に朝礼を行う。開始時間が昼間だろうと夜だろうと朝礼と呼ぶ。また勤務時間の半分を過ぎたあたりで中礼、勤務が終了したら終礼）では、派遣先の社員から過去のトラブルを引き合いに出して長々と注意が与えられる。

作業中に派遣労働者の不注意でテーブルから書籍の山を落としてしまい、あざや折れ目がついて全損になってしまった件。損害額は二万円を超えたという。

箱の中の本すべての背表紙上部に小さなこすれた跡があるのを目ざとく見つけたまでは良かったが、その本が入っていたダンボール箱の取り置きを失念し、他の大量の箱と混ぜてしまい所在不明になってしまった件。一箱の中身すべてが不良品だった場合は運送会社が補償する決まりだが、その箱を証拠品として先方に提示しなければならない。結局箱は特定できず、派遣先が損害を丸々かぶることになってしまった。

そうした場合、派遣労働者の不手際による事故として派遣先は人材派遣会社に補償を求めたという。人材派遣会社は定期的に発注してくれる大事なクライアントからのクレームだから補償に応じ、その金額の一部を当該派遣社員の賃金から天引きしたそうだ。

これは明らかに違法行為だろう。労働基準法二四条は賃金の全額払いの原則を定める規定であるが、労働者が会社の物品を壊す等したため、雇用主が労働者に対して損害賠償請求権を持っている場合でも、これを賃金債権と相殺することを禁ずる趣旨をも含むものである。

過失はどんなに気をつけていても起こりうるものだから、会社側にも危機管理の責任があり、労働者に一方的に賠償責任を負わせることはできないとされている。

もし、ミスをしたのが派遣労働者ではなく派遣先の正規社員であったなら、会社はその社員の賃金カットにまで踏み込むだろうか。本人に特段の故意や怠慢がなければ、不可抗力だったとして減給までには至らないのが普通の感覚ではないか。派遣労働者だからといって、損失の一部負担を求められるとすればおかしな話だ。派遣労働者に対する偏見の典型例だろう。

カゴテナーと接触して負傷

さて、展開が終わりテーブルの上に積み重ねられた書籍は、今度は「ピ露《ろう》」と呼ばれる透明フィルムによるカバーとバーコード紙貼付の作業にまわされる。

五メートルほどのライン上を書籍が流れる間に加工する専用の機械があり、コンベアのベルトの正しい位置に書籍を置けば、フィルムが巻かれバーコードが貼られた商品が吐き出されてくる。そのスピードは一秒間に二冊とかなり忙しい。失敗してベルトの真ん中に商品を置けなければ、フィルムが書籍に巻きつく行程で表紙がクシャクシャになるなどして文字通り一巻の終わりとなる。コンベアの脇にある緊急停止ボタンを押せば瞬時にラインは止まるが、派遣先は中断によって処理速度が遅くなることを嫌う。押そうか押すまいか迷った一瞬のためらいが不良品を生んでしまうことが多い。

完成した商品は全国の小売店に発送する分と、通販で注文を受けて小口で発送する分に仕分けされる。売れ筋の漫画などは一度に数十冊単位をまとめて運ばねばならず、その仕分けはかなりの重労働だ。

また、小口のピッキングは多種類の商品を注文書通りに集めねばならず、広大な倉庫を端から端まで何度も移動する効率の悪い作業だ。これが滞ると倉庫内には在庫の山がみるみる積みあがり、商品を置くスペースがなくなって収拾がつかなくなる恐れがあるため派遣先の社員たちはナーバスになる。

派遣労働者の間で恐れられているのが、そんな状況に遭遇した場合の「あおり行為」だ。ピッキングの能率を上げるため、最初は「小走りで集めて下さい」程度の指示だが、せっぱつまってくると「走れ！　止まるな！」に変わる。

倉庫の中はただでさえ物が多い上、重いカゴテナーや台車が大量の書籍を積んで縦横に移動しているから、出会い頭にカゴテナーと衝突したり、他人と接触して書籍を落としたりといった事故が頻繁に起こっている。倉庫内を走るのは危険だから禁止なのだが実際には守られていない。

素人の派遣労働者のミスによりどれだけの商品が廃棄されているのか。倉庫の中で慣れない派遣労働者が何人けがをしているか。そんなデータを集めることは現実には不可能だろうが、もしあれば、人材派遣会社が編み出した「派遣奴隷労働」の真の効果のほどがわかるかもしれない。

ちなみに私はフィルム巻きで二冊の書籍をダメにして平身低頭で謝罪し、テーブルから滑って床に落ちた書籍は誰も見ていなかったので知らん顔で元に戻した。また、カゴテナーに右足を踏まれて親指が内出血したため、もう歩けないと訴えて残りの時間はデスクに座って注文伝票をわたすだけの楽な作業に終始した。
後半は「あおり」になり、眼前の風景が幼稚園の園庭状態になるのを見て我が親指に感謝した。

出勤確認連絡

日雇い派遣では何度も出勤確認の連絡が義務付けられる。まず勤務が確定した時点で承認の連絡をする。これは仕方がないが、次に前日確認と称して勤務日の前日に連絡を入れる。このとき、当日家を出る予定の出発時間を報告する。

勤務日の朝は前日連絡した出勤時間より前に家を出たという出発報告をする。派遣先に到着したら到着確認の連絡。勤務が終了したら就業時間や休憩時間等をまとめた勤怠報告をしなければならない。何度も労働者から確認連絡させるのは、人材派遣会社は派遣労働者を信用しておらず確認できないと不安だから。派遣労働者が事前の連絡を怠った場合、人材派遣会社の社員は自分からはいちいち確認の連絡などしない。何度も電話をかけることになりかねず、時間的にも経費面でも無駄だからだ。

メールで代替要員を募って応募者があればためらうことなくそちらに変えてしまう。この場合、たとえば携帯を忘れて連絡できなかったなどの事情があったとしても、その労働者は働かせてはもらえない。

予定した労働者から確認の連絡が来ず代替要員も見つからない場合は、死にもの狂いで電話をかけ続ける。一度断られた人にもかけて、それでも応じなければこんな脅し方をする。

「どこか他社で派遣されてるんじゃないですか。人材派遣業界は横でつながってますからね。うちを蹴って他社で働いたことがばれたら、うちはもう仕事を紹介しませんよ」

このセリフ、実は本当に他の人材派遣会社の仕事を入れていると想定しているわけではないという。他社ですでに労働契約を交わしている仕事は、やはりキャンセルするわけにはいかないから労働者に無理強いしたところで効果は期待できない。

しかし、たとえば「時給が安いから見送った」あるいは「現場が自宅から遠くて交通費がかかるから敬遠していた」という例がよくある。また、遊びに行く予定を組んでいるという事情もあるだろう。

そのような労働者の場合は、かなりの確率で渋々ながらも求人に応じてくれるという。本来なら人材派遣会社に「もう少しマシな現場を紹介せよ」と求めるのが派遣労働者の本音だが、そんなに困っているなら今回だけ……と応じてしまう「善意の中高年」は少なくないらしい。人材派遣会社の社員は自嘲気味に言う。

「これが続くとトラウマになってやめる社員も、わずかですがいますよ。そりゃあ毎日騙して脅してじゃ、普通の神経ではやっていけませんよね。だから、人材派遣会社にいわゆる『いい人』はいません」

労働者派遣法は、派遣元社員、派遣先社員との均衡を考慮した待遇の確保や、派遣労働者等の福祉の増進をはかるよう努めるとするほか、適正な派遣就業の確保が行われるよう適切に配慮しなければならないとしている。そんな当たり前の規定がわざわざ設けられているのは、人材派遣会社が容易に労働者を騙せる地位にあるからだろう。

マニュアルによる効率化は本当か

「はじめに」でご紹介した衆議院議員選挙の世論調査から、「奴隷派遣」の問題点と弊害を指摘したい。まずは作業手順。

世論調査では調査対象者が決まっているわけではない。かける電話番号は実在の電話帳や名簿ではなく、コンピュータが無作為に数字の組み合わせを発生させるＲＤＳ（ランダム・デジット・サンプリング）と呼ばれる方式だ。相手が実在するとわかった上での番号ではないから、かかった先に人がいるのかどうかもわからず、会社や役所にかかる場合もあれば、ファックスにつながる場合もある。だから無駄打ちが非常に多い。携帯電話の０９０

などの番号なら確実に個人につながるがかけられない。知らない番号の固定電話から携帯にかかってきても出る人などいない。

電話による世論調査は、つながってからがひと苦労だ。めんどくさいとばかりにガチャ切りされることが大半で、質問の中にはプライバシーに近い内容もあるため（年齢、住所、職業等）不信や怒りを買うことも多い。二〇一四年時点では振り込め詐欺の被害拡大の影響で、世論調査にかこつけた不正な金品の要求と誤解され警察に通報されたこともたびたびあったという。

さらにややこしいのは選挙の世論調査の場合、電話をかけて相手が出ても、その人を調査対象にするわけではないことだ。まず家族の中に二〇歳以上の投票権のある人が何人いるかを尋ねる。その人数に応じて年齢の高いほうから何番目の人を調査対象にするかを決め、その人が不在ならば帰宅しそうな頃にまたかける。

これによって男女や年齢の偏りが防げる。平日の昼間に電話に出た人をそのまま調査対象にしたら、サンプルはお年寄りと専業主婦ばかりになってしまう。

電話をかけても誰も出なかった、あるいは「めんどくさいから」「忙しいから」と一方的に切られた場合でも、その旨を報告書に記載し、時間をおいて別のオペレーターが報告書を参照してまたかける。その電話番号には誰かがいると確認されたら決して無駄にはしない。誰かが出るまで、あるいは相手が暇になるまでかけ続ける。対象者が根負けするのを狙った手法である。

予定調和のストーリー

調査対象者は家でくつろいでいる時間を邪魔されたのに何も見返りがない。そこを答えてもらえるように説得するのは簡単ではないからオペレーターにはコミュニケーションのトレーニングを受けた専門家が望ましい。

だが、この現場では何ら選考を受けていない人材派遣会社に登録した一般の中高年男女だった。時給は一三〇〇円。中高年オペレーターは最長で朝七時から二三時まで一六時間、ひたすら電話をかけ続けた。

わたされたマニュアルには、「こうすれば調査に応じてもらえる」という会話例が載っていた。心理学などの専門家が作ったものではなく、紹介されたストーリーはいささか稚拙だ。

「どうしてうちが調査に応じなければいけないのか」と問われた場合。「この調査は少数の限られた人々にお願いしています」と選抜してもいないのに嘘を言う。すると相手は「それならお答えするわ」と気持ちよく応じてくれる。「うちにばかり何度もかけてくるのはどうしてなんだ」と相手が怒ってしまった場合も、同様に答えるとすぐに納得してくれる。

「調査に応じても、うちには何のメリットもないじゃないか」と言われた場合。「あなたの貴重なご意見が大手メディアで伝えられるのですよ」と、報道に関わることが名誉であると説明すると、相手は「それは光栄だ。喜んで受けましょう」と答える。

こうした予定調和のストーリーはあまり出来のよろしくないドラマ脚本でたまに見かけることがあるが、現実にはすぐに心変わりして承諾する相手など、ほとんどいない。マニュアル通りに返したのに相手をさらに怒らせてしまい、二の句が継げずに困惑するオペレーターが多かったという。

人材派遣会社が規制線を張ったワケ

しかし監視役の若い社員らは執拗に非力な中高年を駆り立てた。なぜなら業務を請け負った際に、クライアントに対して完璧なデータを九万件提供すると約束しノルマが決められていたからだ。わざわざオペレーターを五〇人ごとの島にグループ分けしたのは、得られたデータ件数を島ごとに随時掲げてグループ間で競わせるためである。成績が悪い島の中高年は劣等感に苛まれることとなる。

一方、ニンジンもぶら下げられている。島のサンプル数のノルマがクリアされれば、所定時間内であっても帰宅でき、時給は予定通り満額支払われる。結果が出せない人がいるとグループ全員がなかなか帰れないから「あなたのせいで私たち全員が帰れない」とグループ内でつるし上げが始まってしまう。オペレーターをさまざまな手段で精神的に追い詰めて死にもの狂いで努力させるという、独裁国家の強制労働を彷彿とさせる仕組みだ。

人材派遣会社が出した求人広告にも大きな問題がある。

「電話でしゃべれる人なら誰でもできる簡単なお仕事です」

業務説明にはこの一言しか書かれていなかった。調査業務の困難さやノルマの強要、身柄の常時監視や移動制限、通話の盗聴、中途解雇等々業務の過酷さについての記載がまったくなかった。さらに派遣労働契約書にも就業条件明示書にも詳しい説明がなかった。ブラック臭がプンプンしていて、運営側もそれは自覚しているのか、マニュアルなどの資料はすべて持ち帰らせず回収していた。

そして「はじめに」で説明したように派遣労働者を規制線で隔離した理由は何か。関係する人材派遣会社の若者は言い放った。

「派遣は自由行動させると何をするかわからないって、上から言われてるんですよ」

普段着姿の中高年がオフィスビル内をウロウロするさまは異様で、他のフロアのビジネスマンらの迷惑になり苦情が出かねない。派遣は貧乏だから他のオフィスに忍び込んで盗みを働く恐れがある。中高年はイライラしてすぐ切れるから飲食店でトラブルを起こす——人材派遣会社の上司はそんな可能性を指摘したという。万が一ビル内でトラブルがあれば、次回からこのオフィスを借りることができなくなるのでリスクは未然に摘んでおく。これが人材派遣会社が中高年派遣労働者を隔離した理由だった。

監視役の若者たちがことさらに不機嫌な顔をして高圧的に振舞うのも、「派遣は甘い顔を見せるとサボる」と人材派遣会社の社内マニュアルに書いてあるからだという。

素人による電話世論調査の確度にはメディアの専門家の間からも疑問の声が出ている。オペレーターがノルマの強制に音をあげて、データをでっち上げることがある。調査電話を受けた人が、めんどくさいから早く終わらせようといいかげんに答えたり、支持政党は最初に例としてあげられた政党名をオウム返しに言う人が多かったり（実はこれが二〇一四年一二月の与党の支持率の圧倒的な高さの一つの原因とも指摘されている）。他にも特定候補者の関係者が世論操作を狙って自分の陣営が有利になるように意図して答を変える等々、さまざまな不都合が指摘されている。

世論調査は本質的に記者の取材と似ている。嫌がる取材対象からどう話を引き出すか？

取材経験を積んだ老練な記者なら可能だが、記者の辞令を受け取ったばかりの素人は何人束になろうと難しい。それはメディアの取材経験者なら誰でも知っていることだ。

そうしたメディア界の常識に照らせば、世論調査も取材経験を積んだ記者やカウンセラー業務などに通じた会話の専門家に担当させたほうが理にかなっている。なぜあえて「素人だけ」にやらせるのか。

人材派遣会社が提案する「ひと山いくら」の派遣労働者の人件費が安いからだろうが、指導役のコールセンターや人材派遣会社の社員も、マニュアルのレベルから見て素人集団だ。道具立ては大仰だけれども、私には素人が寄り集まって適当に「世論調査ごっこ」をしているようにしか見えなかった。こんな体制で、本当に正しいデータが得られたのだろうか。

その時点の世論調査のデータが正しいかどうかは誰にも検証のしようがないから、正確なのかどうか不明なまま定期的に行われている。人材派遣会社にとっては大量注文が受けられ、決して成果を問われない美味しいビジネスだ。

マニュアルは金科玉条

日雇い派遣労働者は、みなが孤立した存在で、継続派遣労働者（常用・有期雇用の派遣労働者）と異なり、組合を結成したり他の組合に加入したりすることなどないから、人材派遣会社との関係は一方的な強者と弱者だ。継続派遣の労働者は同じ派遣先の仲間で団結したり、派遣先の管理職を抱き込んだりして人材派遣会社に刃向うこともたまにはある。人材派遣会社にとってはめんどくさい存在だ。一方、労働期間が超短期の日雇い派遣なら団結しての反抗などありえない。

そのため最近の人材派遣会社は、本来は長期継続になるような業務でも日雇いとして投入するケースがある。労働者保護のための法律に逆行する行為だが、人材派遣会社にとっては当然の選択だという。

前項の世論調査のように、誰もがすぐには簡単にできない複雑な業務現場にいきなり投入されるケースも多くなった。この場合、派遣会社が頼るのが産業用ロボットのプログラム設定にも似た就業マニュアルだ。人材派遣会社の求人広告には「親切ていねいなマニュアルがあるから初心者でも安心。誰でもできるお仕事です」といった決まり文句が並ぶ。

派遣労働者をマニュアルの型通り忠実に動作させることは、一部の現場では確かに効果を発揮する。複数の労働者が共同しなければならない場合だ。たとえば引越し補助、自動販売機の飲料充塡といった現場で共同作業する場合、一人でもマニュアル通りに動かないとぎくしゃくして円滑に進まない。それはよいとして、「世論調査」のように人間性が業務の出来に大きく影響し、個人の経験、創意工夫が生きるような場面でも、人材派遣会社は機械的にマニュアル遵守を要求する。

派遣会社の若い社員に率直な思いを尋ねると、マニュアルから外れた行動が正しいのか間違っているのか判断できないから、マニュアル遵守を要求するしかないという。また彼らの業務としてはマニュアルをわたせば一丁上がりで、指導などの対人的な関わりが必要ないから勤務が楽になる。意外なことだが、人材派遣会社の社員の中には見知らぬ登録労働者と直接、接触することを嫌う者も少なくない。

いずれにせよ、こうして人材派遣業界におけるマニュアルは金科玉条の地位を獲得し、派遣会社の社員たちはマニュアルを絶対的存在と位置づけ思考停止してしまった。

人材派遣会社が登録時に派遣労働者にわたす就業基本マニュアルは、ご丁寧なことに、労働者すべてが能力のみならず社会性もゼロであることを前提に作られている。会釈の姿勢からあいさつの言葉、返答の仕方、歩き方や座り方、「元気良く明るく」など小学生レベルの内容が延々と並んでいる。

未登録でも派遣する人材派遣会社がある

こうした人材派遣会社による労働者への「上から目線」の常態化は、何が問題なのか。

明治以来百数十年間、日本の産業を発展させる原動力となってきたのは、個々人の「創意工夫」や「改善」といった知的活動だった。だが人材派遣会社はそれを不必要なものとして禁じる。創意工夫や改善で指示と違う動きをすることは、人材派遣会社に言わせれば単なるマニュアル違反行為だからだ。

労働者派遣法は、労働者一人一人の能力に合わせて指導したり、力量を評価してそれに見合った業務をさせたりといったプラクティカルで臨機応変な人事業務を人材派遣会社に義務付けている。ところが、実態はますます逆行している。最近では人材派遣会社は派遣労働者の募集にあたって「履歴書不要」を積極的に謳うようになった。名前、年齢、住所、電話番号、銀行口座がわかり、身元が証明できればよい。一般の就職では当たり前の面接や適性試験はほとんど行われず、最低の人材派遣会社になると、登録労働者に会うこともなく派遣を決めてしまう。

私が登録申し込みメールを送った東京の人材派遣会社のD社は、メールを送っただけで登録手続きをしていないのに求人メールを大量に送ってきた。試しに一件受諾すると、驚くべきことに労働契約書と就業説明書をメールで送ってきて就業が確定してしまった。D社の社員とは一度も会っていないから、彼らは私の本人確認書類すら見ていない。もし私が小学生でも、指定された集合場所に行けば労働に従事できたことになる。要するに今の人材派遣会社にとってはピンはねだけが問題だから、子供でも外国人でも誰でもいいのだろう。

こうした現状を私はたいへん由々しき事態だと憂えている。労働者が個々の能力を自由に発揮できる労働環境でなければ、資源がほとんどなく国民の創造性だけが武器の日本は衰退に向かうのではないか。

人材派遣会社の労働者の扱い方は全体主義国家に通ずるものがある。ナチスドイツは第二次世界大戦の初期に欧州全域とソ連の西部から膨大な数の人的資源を得た。占領地域から強制的に駆り出した男性の労働者や戦争捕虜である。数百万人に達する彼らを労働者として健全に扱い個々人の能力を最大限活用していれば、ナチスの軍需生産は大幅に増大しただろうと歴史家は指摘する。だがナチスは人種的偏見から外国人の能力をいっさい認めず、教育を受けた者も受けていない者も同じように単純な強制労働で酷使した結果、ナチスの生産力向上にほとんど寄与しなかった。ナチスの敗因は純粋に連合国との生産力の差だったから、練度の高い技能労働者、科学知識のある技術者を彼らの能力を発揮できる職場で働かせていれば、戦争の帰趨も変わっていたと見られている。

また、現代日本の派遣労働では、社会経験に乏しい若者たちが、人生の先輩を「監督」し「酷使」する「逆転の構図」が当たり前になった。かつての暴力団の手先のニッカボッカをはいた手配師が、今ではリクルートスーツを着た大学出たての童顔のサラリーマンに変わった。

これも世界史のどこかで見た光景だ。一九六〇年代の中国の文化大革命では、若者たちが年配の知識人を自分たちの勝手な論理でつかまえて罵倒し晒し者にした挙げ句、処刑した。一九七〇年代のカンボジアのポル・ポト政権下では、理性も判断力も乏しい子供たちに大きな権力が与えられ、彼らは気にいらない大人を酷使し処刑した。

史実に共通点を見出すのは大袈裟だと笑われるかもしれないが、私の経験上、派遣労働の現場には確実に抑圧や恐怖といったものが存在する。

就業規則で「おまえ、態度悪いからクビ」

前述のように「就業規則」とは、使用者である企業が、効率的な事業運営のため、職場規律や労働条件等を制定した規則である。就業規則を文書化し、労働者に周知させ、従業員の過半数代表の意見を聴取して労働基準監督署に届け出るのは、労働者保護のためである。ところが人材派遣会社はその就業規則を逆手にとって、派遣社員が指示に従わなかったり、不満を表明したりした場合、業務不適応者とみなして排除するためのツールにしてしまった。

人材派遣会社の就業規則はまことにシンプルに手前勝手に、派遣会社にとって都合よく作られていて、労働者にクビを宣告する際には「錦の御旗」になる。以下は人材派遣会社数社の就業規則から抜き出した条文である。相当荒っぽい記述もあるので驚かれると思う。

〈当社の業務、運営に支障をきたす恐れのある方（規定を守れない、勤務態度が悪い、勧誘活動等）は、担当者の判断でその日の仕事から外れていただく、あるいは登録抹消（解雇）となる場合があります〉

その日の仕事から外れていただくとは、「仕事をしていたら突然、帰れと言われて欠勤扱いにされ賃金をもらえない」という意味だ。規定を守れなかったり勤務態度が悪かったりと一方的に指摘する以前に、本来、人材派遣会社は事前に登録労働者が派遣先の業務にストレスなく従事できるかどうか、きちんと評価し選択した上で指導する義務がある。一般企業で正規社員を入社させたその日に、「おまえ、態度が悪いからクビ」などということがありうるだろうか。人材はゼロからでも雇用主が育てていくものだろう。

さらに勤務態度が「悪い」という規定には基準がない。不明確な文言の就業規則の規定は、解雇する際の基準となりえない。「担当者の判断で」という文言も恐ろしい。人材派遣会社の担当者のその日の気分で勝手にクビにできてしまうからだ。

こうした就業規定を設定し公表している人材派遣会社は、労働者保護を掲げる労働基準法、労働者派遣法に挑戦しているとしか思えない。

〈予約した仕事のキャンセルはできません。また、当日の遅刻、欠勤、早退は認められません。万が一そうなった場合はペナルティを科すことがあります〉

〈当日欠勤は理由の如何を問わず五〇〇〇円を罰金として天引きします〉

この規則も乱暴の極みだ。労働者にとっては予定をキャンセルできることも派遣労働のメリットである。特に日雇い派遣では、突発の急用ができた場合キャンセルできることを前提に申し込んでいる。日本人材派遣協会も働き方に融通を効かせられると誇っている。これでは二枚舌ではないか。

勤務日の前夜、急に子供が熱を出した場合、常勤の正規社員だと翌日の仕事の予定が決まっていることも多いから会社を休みにくい。自分が休むと業務が滞ってしまう。しかし休まなければ子供の容態が心配だとジレンマに陥る。自分の代わりは人材派遣会社が見つけてくれて労働者を安心させてくれるのが人材派遣の肝だ。自分が行かなければ業務が滞る可能性など万に一つもないから心置きなく子供の看病に専念できる——これが本来の姿だ。しかし、人材派遣会社はそのキャンセルを絶対に認めないというのだ。

かつてのグッドウィルは身内の通夜や葬儀、事故でけがをした場合でもキャンセルを認めず、ペナルティを科して社会的な非難を浴びた。現代の派遣会社はそれ以上にひどく、のちほど詳述するが、ノロウイルスに感染したと申告した私を、予定通り食品会社に派遣しようと強要した人材派遣会社まであった。

遅刻、欠勤、早退も認めないとしているが、これらは本人の責任ではなくやむをえない事情がからんでいる場合もある。ある人材派遣会社の社員に聞いた。

「通勤電車が遅れたらどうなるのか」

「それを見越して早めに出勤するのが当然でしょう。普通のサラリーマンでも同じだと思いますよ」

普通のサラリーマンは鉄道会社から遅延証明書をもらって会社に提出すれば遅刻扱いにならない。派遣労働者も扱いは同じはずだ。そんなサラリーマンなら誰もが知っている決まりごとすら人材派遣会社の社員は知らないのか。あるいは知っていてとぼけたのかもしれないが。

五〇〇〇円の罰金を科す規定を設けていること、給与から罰金を天引きすることは、労働契約の不履行の違約金禁止（労基法一六条）、賃金の全額払い（労基法二四条）にいずれも違反する行為であるが、それを文書にして堂々と登録労働者に配っているのだから、開いた口がふさがらない。

〈賃金の額、就業条件等について、派遣先で他の労働者と会話してはいけません。会話したことが明らかになれば就業契約は破棄され登録抹消となります〉

これまた人材派遣会社の本音丸出しの規則。複数の人材派遣会社が一つの職場に労働者を派遣しているケースは多々ある。その場合、派遣先との契約時期や派遣人数、ピンはね率の違いなどで賃金に差が出ることもある。それが不平不満につながることを避けるためなのだろうが、労働者同士会話してはいけないとか、会話の内容にまで踏み込んで規制するなんて、とんでもない話で、就業契約の破棄や登録抹消をちらつかせるのは違法な雇い止めである。

これで私がナチスを引き合いに出したことをご理解いただけるだろうか。人材派遣会社は独裁国家のような規則が大好きなのだ。

〈派遣先への移動に際しての交通費はお支払いできません。また移動中に事故等が発生した場合、当社は責任を負いかねます〉

実は労働法に交通費についての決め事はない。とはいえ、労働者が出張場所まで直接赴く場合は、出張旅費として会社が業務費用として負担する取り扱いが多いのだから、派遣就業先までの交通費についても同様に業務費用として認めるべきではなかろうか。正規社員に対してもこんな指示を出しているのだろうか。

また、労働者が就業に際し、自宅と就業場所との間の往復を合理的な経路および方法で行っていた場合（業務の性質を有するものを除く）、通勤災害の保険給付が認められる（労災保険法）。労災保険は強制加入であり、保険料は派遣労働者の事業主である人材派遣会社が支払う決まりだ（労災保険法ほか）。派遣労働者は、派遣元事業主である人材派遣会社の労災（通災）保険の適用を受ける。しかし、人材派遣会社は責任を負わないという。つまりけがをした労働者が救済を求めてもいっさい相手にしないと宣言しているのだ。

人材派遣会社の就業規則を読んでいると、そのあまりの厚顔無恥ぶりには驚くほかない。

現代の派遣切り「お父さん、酒臭いよ」

人材派遣会社が急な人減らしのため手前勝手な就業規則を駆使しても適用できない場合がある。労働者が従順に従っているのに、規則違反とはさすがに言えない。それでもどうしても人減らししたい場合、人材派遣会社と派遣先企業は労働者を騙して職場から追い出すこともある。

日雇い派遣で知り合った複数の中高年男性から聞いた話。B級グルメやラーメンなどの露天の食の祭典では、主催者側は天気予報に注意しつつ、客が殺到しても事故が起こらないようあらかじめ会場整理などの日雇い派遣労働者を大勢発注するのが常だ。ところが、都内で開かれたあるイベントで当日になって天気予報が大きくはずれて天候が悪くなり、客が予定通り集まりそうにないことがあった。すると現場に来ないはずの人材派遣会社の社員がやってきて、こう声をかけたという。

「お父さん、昨夜、お酒飲んだでしょ」

中高年男性は酒量の多い少ないはあれ、晩酌を楽しむ人は多いだろう。彼がイエスと答えると……「やっぱりね。お父さん、酒臭いよ。仕事に入ってもらうわけにはいかないから帰って。あなたが原因の事故だから欠勤扱いね」。

もちろん、本当に酒臭かった可能性もないわけではない。だが、私が話を聞いたいずれの男性も特に酒量が多いわけではなく、家族や他のスタッフからは酒臭いなどと一度も言われなかったのでおかしいと思ったという。夜に酒を飲んでいれば、翌朝「酒臭い」と急に指摘されてはっきり否定できる人はまずいないだろう。イベントの主催者が急な人減らしを意図し、人材派遣会社が以後の有利な取り計らいを期待してそれに協力したのならうまいやり方ではある。だが、卑劣さもここに極まれりだ。

人材派遣会社から不当な扱いを受けたら徹底的に抗議すべきだが、こんな手段を行使されたら労働者はどうにも太刀打ちできない。このように必要な人員の増減があった場合の緩衝材として、中高年を使い捨てにするケースはざらにある。

人材派遣会社の社員たちは違法性を認識していないのだろうか？　そんなことはない。違法であることを知りながらやっている確信犯だから、そこを突けばあっさり折れて働いてもいない労働者に賃金を払う。次項でご報告しよう。

違法な人材派遣会社との二日間の攻防

当初四日間の労働契約を交わしたのに一方的に短縮されたことがあった。二日目の夜に人材派遣会社の女性オペレーターから電話がかかった。

「明日からの勤務はなくなりました。ご了承願います」

木で鼻をくくったように何も気持ちが入っていない乾いた声での宣告だった。契約破棄の理由の説明を求めても、自分は電話オペレーターなのでわかりませんと言うばかり。

「だったら君の上司なり、現場の責任者なり、理由のわかる人から連絡を下さい。いいですか、一方的な労働契約破棄は違法ですから、すぐに電話を下さい」

「わかりました。一応、営業の者に伝えます。ただ、外にいるのですぐに連絡がつくかどうかわかりませんし、営業は忙しいのでいつお電話できるかお約束はできかねます」

やはり、というべきか、その晩連絡はなかった。翌日は指示された通り仕事には行かず、家事をしながら電話を待っていたがやはり音沙汰なし。翌々日の午後八時頃、ようやく電話が来た。

「どうして労働契約を一方的に打ち切ったのですか。私は理由の説明も受けていませんが」

「はっきりした理由は知りません。派遣先の事情によるものです」

「あなたは雇用主なのに理由を把握してないとはどういうことですか。あなたが労働契約を破棄したんですよ。派遣先に何らかの事情があったとしても、そこで私を守るのがあなたの責任でしょうが。労働契約の破棄は、私に『重大な就業規則違反』といった正当な理由がないと認められないはずです」

「我々が法律を破ることはありません。必要があればいつでも説明しますよ。ですが……もうあの仕事は終了しているんですよ。本当に説明が必要ですか？　無駄なことに時間を使うより明日からのお仕事の話をしませんか」

人材派遣会社がどうしてこの時間まで電話をかけてこなかったのか、その理由がわかった。電話がかかったのは、当初の契約通りに働いていたとしたら、予定の勤務がすべて終わった時間なのだ。話し合って労働者側が正しいという結論を出したところでもう時間は戻ってこない。話し合いも何もかも無意味だと労働者があきらめざるを得ない時間を見計らっていたのだ。

そして、自らの契約違反を棚に上げ、翌日からの仕事の予定を入れようとするあつかましさ。今までこの手で何人の労働者を泣き寝入りさせてきたのだろう。

「もちろん説明は必要です。私は出るところに出るつもりです。あなたの会社が労働法も労働者派遣法も知らないで人材派遣業を営む違法な会社であると告発するつもりです」

この日の電話はそれで終わった。私は保存していた労働契約と就業説明のメールを印刷して労働相談の窓口に訴えるつもりで準備をしていた。すると、翌日の朝早く、再び同じ営業マンから電話が来た。

「現場の担当とも話しましたが、今回は行き違いがあって中沢さんにご迷惑をかけてしまいました。後半はご勤務していただけなかったわけですが、その二日間分の日当も全額お支払いします。それでよろしいでしょうか」

予想外の回答だった。昨日までの対応は何だったのか。出るところに出れば確実に負けて、私が就業していれば得られたであろう賃金をどっちみち払わなければならなくなる。その上トラブルがあったことが世間に公表されたらどうなるか。労働当局にマークされればクライアントに引かれてしまう可能性もある。それを避けたかったのだろう。

派遣先から人材派遣会社への入金の中に私の日当分は含まれていないだろうから、二日分の日当一万六〇〇〇円を自腹で払うのは相当痛いはずだ。これは彼らなりのリスク管理なのだろう。労働者側が強く出た場合にはつかみ金を払ってでも早めに処理する。多くの労働者は泣き寝入りするだろうから全体として大きなマイナスにはならない。

それよりも人材派遣会社同士の競争が激しい状況で、クライアントの突発的な人減らしの要求によく応えて恩を売ればその後の営業が有利になる。急な雇い止めは違法とわかっていてもやめられないのだ。

派遣労働者の差別待遇

派遣労働者については、派遣先で同種の業務に従事する従業員との均衡を考慮しつつ、派遣元の人材派遣会社が、教育訓練、福利厚生の実施その他当該派遣労働者の円滑な派遣就業の確保のため必要な措置を講ずるように配慮しなければならないと労働者派遣法で定められている。だが実際には差別がまかりとおっている。その一つの例が現場にある備品を使わせないことだ。正社員やプロパーのアルバイトが普通に使っている鉛筆、ボールペン、はさみ、軍手、マスク、スリッパなどの備品はすべて派遣社員が持参する決まりだ。私はある倉庫整理の現場で働いた際、伝票を記入しなければならないのにボールペンをバッグに忘れてしまったことがあった。目の前の事務机の上の鉛筆立てにはたくさんのボールペンがあったが、やはり使用を許されず、派遣仲間にペンを貸してもらうまでしばらく仕事ができなかった。

また、ゴミをゴミ箱に捨てることも許されない。弁当のケースや包み紙、割り箸、飲み物のペットボトル等一つ残さず持って帰る。現場のゴミ箱やリサイクル箱を派遣先の正規社員がチェックし、一つでも発見されれば「これを捨てたのは誰だ!」と大騒ぎになる。

さらにプライバシーも脅かされる。終業後、派遣先を出る際の所持品チェックだ。商品や備品を盗んでいないかどうか、バッグの中身を全部出させて点検する。小さな洗面用のポーチさえ中身をチェックされた。女性労働者の場合はセクハラにもなるが派遣先は意に介さない。

正規社員と派遣労働者とを明確に区別するこうした働かせ方は、どこの現場でも共通している。ある製造現場の管理職に尋ねたところ、「アウトソーシングと派遣労働者の労働強化で効率アップ」が専門のコンサルタントの指導によるものだという。以下は管理職から聞いたその内容だ。

私語厳禁は静寂を保って緊張感を維持させるため。ずっと立ちっぱなしにさせるのも緊張感維持のためだ。座らせると気持ちもリラックスしがちで、足を組み替えたり腰をずらしたりと余計な動作をして、そのたびに手の動きが止まってしまう。だが、立ちっぱなしならずっと同じ姿勢だから無駄がなく手の動きに集中させられる。

派遣先の正社員がときに必要以上に強い口調で叱責や罵声を浴びせるのもいくつもの効果を狙っている。まず主従関係をはっきり意識させる。心を緊張させれば余計なことを考えなくなって仕事に集中し、身構えて体の動きが慎重になるからミスが減る。

やりすぎるとパワハラになってしまうが、まったくやらないよりやったほうが必ず能率が上がるし、特に日雇い派遣の場合は労働者との関係はその日限りだからめんどうな告発をされる可能性はほとんどない。

そう言われて改めて考えてみると、第一章のカレンダー製造現場でストップウォッチで計測時間を見せられたのは、仕事ができない人の場合は「遅いと欠勤扱いだぞ」という恫喝と合わせて尻たたき効果を期待したのだろう。私はまんまとそれに乗せられてしまった。

一方、仕事が速い人に対してもやはりストップウォッチを掲げて、「おう、すごいな君は。一五秒で完成か。たいしたものだ」などとほめちぎっていた。本人はすこぶる気持ちよさそうな顔で、ほめてくれた監督の期待にさらに応えようとしていた。さらにはそのまわりにいる人々からも負けるものかという気迫が伝わってきた。監督は粗暴なようで実は心理戦術を巧みに駆使していたのだ。

緊張感、優越感、劣等感、焦燥感等々、労働者の感情を巧みに操って効率を高めようとする姿勢には舌を巻くが、そうして作られた労働現場はおよそ先進国の人間性重視のそれとは異なる世界だろう。

困難な業務でも派遣が担当

東京電力福島第一原子力発電所の事故がらみで、福島県の企業や個人への賠償事務に多くの人手が必要になった。東電はこれを人材派遣会社からの派遣労働者でまかなっている。勤務は平日の週五日、朝八時五〇分から夕方五時五〇分まで、休憩は六〇分。時給は一四〇〇円と負担の重いオフィスワークとしては高くはないが、人生経験豊富な中高年が大勢採用されている。

派遣とはいえ東電という誰でも知っている大手企業での仕事は魅力なのか、採用時の倍率は三倍以上だったという。神奈川県内に住む六一歳の男性・日向隆さん（仮名）は二〇一四年に半年間この交渉本部で働いた。業務は東電の正社員の下請けだ。現地企業などからの損害賠償申請書を東電の社員などで構成された検討委員会が検証し賠償額を決定する。この数字と理由書が交渉本部にわたり、その内容を日向さんらが企業に郵便や電話で伝えて最終的に相手から承諾書が出るまで交渉する。

有明のビルにある交渉本部では派遣労働者にも正社員と同様の立派なデスクと椅子が与えられた。フロアが非常にゆったりしていて机同士がかなり離れていることもあり、隣の人と会話することはめったになかったという。

昼食は社内の食堂を利用していたが、他の派遣社員と世間話を交わしたこともない。私語禁止と命令されているわけではないが、職場のピリピリ張り詰めた雰囲気が自然にそうさせていたようだ。ヒソヒソ声でもフロア全体に響きわたってしまうほどの静けさだったというから、かなり緊張を強いられていた様子がうかがわれる。賠償交渉はたいてい難航し精神的に疲れる仕事だ。かつて航空機事故で遺族との交渉に携わった航空会社の社員が何人も自殺に追い込まれた痛ましい事例がある。

日向さんの場合ほとんどが金額面での交渉だったが、相手はそれまでの安定した事業や仕事を失い今後の生活がかかっているだけに必死で、日向さんもその事情がわかっているだけに胸を痛める毎日だったという。

ただ日向さんが相手に直接会うことはなかった。基本的には電話でのやり取りだった。勤務中、日向さんがひどく心苦しく思うことがあった。それは東電側が賠償金額をいったん決めたら見直す可能性が百パーセントなかったことだ。にもかかわらず、その裏事情を相手に伝えることは許されていなかった。相手は日向さんに窮状を訴えたら少しは上乗せしてくれるかもしれないと期待して交渉を繰り返す。だが、その努力は決して結果を出すことがない。ごく稀にだが救済策がとられることもあったという。審査を経て決まった賠償額は妥協できないが、ほかに正当な事由、あるいはややグレーゾーンでも名目を立てられれば金額を上積みすることもあった。

たとえば部品メーカーに対する休業補償で、製造機械が長期間ストップしたことで整備が必要な状態になったと聞き、賠償とは別に機械整備費を多めに計上した。また、長期間閉店を余儀なくされた商店に対し、消費期限を過ぎたか過ぎないかの大量の缶詰や飲料水などを廃棄したとして、少額だがその分の被害額を計上した。

ただ、それらはごくごく例外的であり、どんな名目にせよ支払う金額の上乗せは容易には通らない。自分の持ち分の交渉がなかなかまとまらなければ日向さんも肩身が狭く、精神的プレッシャーや職場の冷え冷えした環境にもなじめず半年しか続けられなかった。

辞めて後悔はないという。手取り額が最初の予想より少なかったからだ。額面では二〇万円を少々出るくらいなのだが、手取りは一五万円まで激減してしまった。天引きされる各種社会保険料のほか、最も痛かったのが自己負担の交通費。自宅からの定期代が一ヵ月に約三万六〇〇〇円。これで手取りは一五万円程度になってしまう。

東電では日向さんが辞めた二〇一四年夏頃から、賠償交渉の促進のため派遣労働者にもインセンティブを導入した。決められた金額で交渉を妥結させた場合、その件数に応じて割増金が支払われる。

当初、中高年に大人気だったこの業務に携わる労働者は次第に集まりにくくなっているという。派遣労働にふさわしくない職種だからではないか。

二〇一一年以来、巨額の赤字を計上し続けた東電だが、こうした合理化を進めた結果、二〇一四年度上期に八期ぶりの黒字を計上した。人材派遣に頼る企業は復活し、頼らない企業は退場を迫られる。日本にはそんな神話が生まれているようだ。

急激な円安で大豆などの輸入食料品価格の高騰、中国製のパックや包装材の価格高騰で、多くの食品製造会社では正社員を減らし業務の多くを派遣社員に委託する動きが強まっている。深夜の惣菜製造、野菜のカット、冷凍食品の仕分けなどは日雇い派遣の定番になっている。正規社員を減らして違法な人材派遣会社に頼る企業ばかり増えている。もっとも正社員の雇用を維持しても、それによって会社がつぶれれば全員が失業者になってしまうのだから倒産よりマシと言われれば言葉もない。

就業条件外の過酷負担

一般に自治体や中央官庁から発注される派遣の仕事は中高年に人気が高い。時給はそこそこだが仕事がきついことはめったになく、残業や深夜などの諸手当で不当な扱いを受けることもない、公的機関の立場上、さすがに正規職員との差別待遇など絶対にないから安心して働ける。

だが中には安心できない役所もある。業務の内容が正しく伝えられず、行ってみたらブラック職場だったケース。二〇一四年の夏から秋にかけて、神奈川県横浜市は首都圏の人材派遣会社に登録する中高年の間で悪評が口コミで伝わり有名になった。問題の職種は市内を走る循環バスの乗客の誘導員。横浜市では二〇一四年七月から一一月までトリエンナーレという芸術祭が開かれていた。横浜市美術館を中心に市内合わせて四ヵ所に分散している展示会場をまわって鑑賞するイベントだ。

循環バスは芸術祭のチケットを持った客を無料で乗せる。停留所は何もない路上に設定されるから、誘導員が常時、歩道に看板を持って立ち、乗車する客をバスまで誘導し、バスを降りる客には近くにある展示施設への方角を示す……だけのはずだった。

だが、この種の街中の広い地域にまたがったイベントでは本来あるべき道案内のガイドが、配置されてなかった。そのため時給一〇〇〇円の派遣誘導員に負担が集中し、大勢の客に「税金泥棒！」と罵声を浴びせられる事態になった。この仕事は二度とやらないという経験者が多く、一〇月に入った頃からは定員割れが続いた。孫請けの人材派遣会社が「どうかお助け下さい」という、何とも情けない文面の求人メールを乱発していた。

私がこの「お助けメール」を見て、横浜市に行ったのは祝日の一〇月一三日。日中は寒波が居座って一〇月とは思えない寒さだった。温度は一三度までしか上がらない予報だったので厚手の上着を着て出かけた。

ところが、美術館に到着してまず指示されたのは、上着もシャツも脱ぐことだった。スタッフ全員が黄色の薄手の半袖Tシャツを着ることになっていた。外は初冬の寒さだが上着はTシャツを隠してしまうから着られない。下着の白い丸首シャツですら黄色のTシャツからはみだしてみっともないので着ることは許されなかった。

寒くて耐えられないと現場責任者に申告したら、わたされたのはTシャツの模様がすけて見えるほど薄いヤッケ。風通し抜群で防寒にはまったく役立たない。雨も降り始めたが、支給されたのはヒラヒラのビニル風呂敷のような軽い合羽。某百円ショップのマークが入っていた。

私たちは税金泥棒ではありません

配置されたのは海岸に近い横浜税関の前。吹きっさらしで雨風をまともに受け、まわりには地べたしかない。にもかかわらず一二時から一九時までわずかな休憩時間以外はここを動けない。

昼食時間は四〇分とされていたが、一番近い食堂は老舗の牛鍋屋。席は空いていたが最も安いランチで三〇〇〇円。まわれ右して、次に近いファミレスに行ったが、行列ができていて三〇分待ちだという。昼飯はあきらめた。

バスの運行がスタート。雨の中ずっと立っているとしんしんと冷え込んで、体がブルブル震えてきた。立つ姿勢は「休め」ではダメで、「気をつけ」でなければならないと指示されている。鼻水が止まらず、下を向いてくしゃみを連発していた。

現場をかくも悲惨な状況にしたのは、人材派遣会社の社員たちのマニュアル至上主義だろう。寒くても派遣労働者に半袖の制服を着せ、マニュアルにいかに忠実かをクライアントである横浜市にアピールすることしか考えていない。

看板を持った私が鼻水をたらし、くしゃみを一〇回以上連発しているのを見ると、彼らは、「少しは抑えろ。お客さまが不快になるだろう」と叱責した。

そして実は、この派遣労働が恐れられている原因はほかにもあった。バスが停留所に到着すると十数人の乗客が降りてくる。誘導員は車内に入って忘れ物がないかどうか確認し、あれば降りた客を追いかけ（この日は雨だったので傘や購入した美術品のレプリカなどの忘れ物が多かった）、その後に路上で待っている乗車客のチケットを一人ずつチェックして乗せる。この流れがスムーズに行けば問題なく終わるのだが、そうは問屋が卸さない。このあたりの地理を知る人ならいつ来るかわからないバスなど待たずに歩く人がほとんど。バスを利用するのはこのイベントを知って遠くからやってきた土地勘のない人ばかり。そのためバスを降りるや否や、誘導員に群がって道案内の質問攻め。いくら問われても我々も横浜の人間ではないから回答できない。

ところが客は我々が街の案内をするためにいると信じていて、怒りの言葉をぶつけてくる。

「どうしてあんたたち、ガイドなのにわからないの！　ちゃんと案内しなさい」

「わからないんだったら、どこかに聞くなりして調べろ。それが仕事だろう」

いや、我々はガイドではなくバスのお客さまを誘導するだけですと言ったら、火に油を注いだ格好になった。

「まあ、責任逃れするの。卑怯じゃない。ほらっ、こっち向いて名札を見せなさいよ。市役所に言いつけてやるから」

故意か不注意かわからないが、傘の先端で腰を小突かれた。

怒り心頭の客に囲まれて車内チェックもできなければ、バスはいつまでも発車できない。今度は乗客やバスの運転手から、「何やってんだ。早くしろ！」と怒鳴られる。収拾がつかず、頭が真っ白になってしまうことが何度もあった。激昂する男性客からはこんな勘違い暴言も。

「おまえらは横浜市から高い給料もらってるんだろうが。この税金泥棒！」


中高年は美術品には似合わない？

こんな修羅場になった原因は、広域に広がったイベントであるにもかかわらず街頭に道案内のガイドをまったく配置していなかったからだ。全国の多くの観光都市では役所の職員自ら街頭に立って案内するというのに……。

同じ派遣労働者でも頭を使うガイドとなると、時給は二〇〇〇円程度に跳ね上がる。頭を使わない（とされる）誘導員の倍だ。ガイドを配置したら利益が減ってしまうから人材派遣会社は低賃金の誘導員にガイドを兼ねさせた。にもかかわらず、求人広告にも就業説明書にも説明はなかった。

ようやく勤務が終わった一九時過ぎ、誘導員の誰もが疲労困憊なのに「終礼」だと言って一五人全員が美術館内の広間に立たされた。そこで聞かされたのはとんでもない訓示だった。

「今日もみなさんの態度が悪いという苦情がたくさん寄せられています。残念ですね。お客さまに説明するのに、ここまでならいいとか、そういうレベルのようなものはありません。説明できない人は、今日家に帰ったら、必ず勉強してからきて」

誘導員の全員が怒りに燃えてこの男を見つめていた。仕事はバス客の誘導員だと騙して難しいガイドまでやらせた上、態度が悪いと罵倒する理不尽さ。

だが、誰も発言しなかった。派遣労働者が抗議できるのは人材派遣会社だが、当の人材派遣会社の社員もその場にいて同様にしかめっ面で我々を叱責したからだ。

終礼の最後、男は媚びたような笑みを浮かべて言った。

「明日も欠員が出ているんですよ。みなさん明日もやってくれませんか」

誰一人として手を上げなかった。終礼は定時を過ぎていたが、残業代は支払われなかった。

また、このイベント運営会社は派遣労働者を年齢で差別していた疑いがある。美術館など屋内にも大勢のバイトが配置されていたが、ほとんど若者だった。戸外に配置されるのは中高年ばかり。そのあたりの事情を誘導員仲間の六〇代女性が解説してくれた。

「あたし、これは本当におかしいなと思って聞いたのよ。外はしんどいのに年寄りばかり行かせて、若い人は空調のきいた屋内ってどうしてなのって。そしたらね、若い人は見栄えがいいから美術品のそばに配置してもいいけど、中高年は汚いからダメなんだって」

彼女は自嘲気味に話していたが、ためこんだ怒りは相当なものだった。夏場、税関前で蚊に一三ヵ所刺され、かゆくてのたうちまわったことがあった。当時、首都圏では蚊が媒介するデング熱が問題になっており、心配だから配置を変えてくれと懇願したが無視されたそうだ。

その後も派遣会社からはメールが連日、何通も届いた。

「お助け下さい！　横浜の美術館の素敵なお仕事です！」

二重帳簿ならぬ二重マニュアル

このトリエンナーレのブラックバイト・リポートは週刊文春二〇一五年一月二二日号に掲載された。翌月二〇日、私は横浜市の関内駅近くの横浜市文化観光局を訪ねた。記事に間違いがあると指摘されたためだ。弁護士をまじえた市側の四人に囲まれる形で話し合いが行われた。だが、最初からどうも話がかみ合わない。横浜市側は言う。

「誘導員はさまざまな業務を担当すると人材派遣会社から報告を受け、実際に運営マニュアルに記載されている。展示施設に限らず近隣の誘導、道案内業務、地理ガイド、催事の説明等々だ。従って労働契約外の業務を強いられたというあなたの主張はまったく正しくない。訂正してほしい」

「いや、現場の我々はそんな指示を受けてませんよ。指示はバス客に停留所を示すこととバスの発着記録をつけること。それだけです」

「労働指示を受けたのに気がつかなかったのではないか」

「私が指示を理解できなかった間抜けだと言いたいのですか？」

「そんなことは言ってない。とにかくガイド業務も合わせて指示したと報告を受けているのだから、あなたの記事は間違いだ。訂正して下さい」

完全に平行線のやり取りが続く中、私は横浜市の職員が持つマニュアルが初めて見るものであることに気がついた。

「あなたが持っているそのマニュアル、私はもらってませんよ」

「いや、派遣労働者全員に配布し研修を受けさせたと聞いている」

「違いますよ。私がもらったのはもっとシンプルな別物です」

おわかりいただけるだろうか。すべては人材派遣会社の策謀だったのだ。

横浜市は街頭に道案内ガイドが必要であることはわかっていた。人材派遣会社にそう依頼し了承も得ていた。人材派遣会社はクライアントである横浜市に対しては、ガイド業務可能なスタッフを集めて地理の研修も実施したと報告し、マニュアルにはこれ見よがしにガイドとしての多くの業務内容を列挙した。

だが、そんな複雑な業務で労働者を募集すれば人集めは難しい。時給を高くせざるをえず、めんどうな地理研修も実施しなければならない。そこで人材派遣会社は二重帳簿ならぬ二重マニュアルを作ることにした。

労働者募集告知を「簡単なバス停の案内」として時給を最低水準にし、バス停案内以外の横浜市に報告した業務内容をすべて省いたマニュアルを新たに作成して労働者にわたした。道案内ガイドについては一言も触れず、こうした矛盾のつけはすべて現場の派遣労働者に負わせたのだ。

横浜市の職員は、現場の派遣労働者と言葉を交わしたことすらなかったから、最後までそのカラクリに気がつかなかった。

悪意の人材派遣会社は善意の横浜市と善意の派遣労働者との狭間に立ち、両者のディスコミュニケーションをいいことに思いのままにコントロールして、市に請求したガイドレベルの高い時給と派遣労働者の最低賃金との差額を荒稼ぎし、ほくそ笑んでいたのである。

派遣労働者は現場で困惑し、理不尽にののしられ、あまつさえ人材派遣会社からも態度が悪いと罵倒された。日本を代表する洗練された巨大都市横浜は、三年に一度のせっかくのイベントでブラック呼ばわりされ、全国の自治体職員の失笑を買い、評判を落としてしまった。人材派遣会社の絶妙かつ狡猾な采配には、並みの注意力では太刀打ちできない。

テレビ局派遣で逆立ち強制

無理がきかない中高年労働者にとって、安全面への配慮がまったくない派遣労働の現場は時に地獄にもなる。私の古巣の民放テレビ業界をクライアントとする人材派遣会社が増えている。エキストラやスタジオ観覧者として参加すると日当が出るという。

登録料無料のテレビ局向け人材派遣会社に登録したところ「新番組シミュレーション」

なる仕事の依頼が来た。新番組に出演するタレントの代わりにリハーサルに参加するという。何だか楽しそうだ。

六本木にあるビルのリハーサル室に出向くと、中高年ばかり一〇人ほどが集まっていた。新番組ではお笑いタレントや演歌歌手など大勢の出演者が体力を競う。それを同年代の我々に先にやらせて安全かどうかを判断する。つまりはモルモット扱い。危うさを感じたが、実際やらされたことは想像を超えていた。反復横とびやバドミントン程度はまだいい。鉄棒の逆上がりや前回りなどは小学校以来ほぼ五〇年ぶりだから頭がくらくらした。

ローラースケートをはいて、いきなりヨーイドンで走れと指示されたが、要領がわからない。足を蹴って前に進もうとしても体の重心がついていかないので、全員が後ろや横に倒れ、私は腰を硬い床でしたたかに打ってしまった。次はブリッジ。上体を後ろにそらして弓状になり、手をついて支える体操の技だ。中学生だった四五年前であればできたが、六〇歳目前の硬くなった体では難しい。手が床に届かないうちにずるずる上半身が下がって頭が床をこするようにして落ちた。

悪戦苦闘する我々の様子を笑って見ていたプロデューサーに訴えた。

「こんなこと、いきなりやったら危険ですよ」

「あっ、大丈夫。本番では医者を待機させるから」

今の我々が危ないと言ったつもりだったが、彼には通じなかった。

次は逆立ちで一〇歩歩いてタイムを競う。逆立ちして右手を前に出した途端に、左手だけでは体を支え切れず左腕が肘でカクンと折れて、またもや頭から床に崩折れた。もはや命がけである。これだけ危険なことをやらされて日当は三時間で二〇〇〇円。

別の「新番組シミュレーション」でお台場のスタジオに行った際は、「大なわとび」だった。素人のタレントに挑戦させた場合、所定の時間内で目標の三〇回に到達できるか前もって派遣の三〇人で試すという。

小学生がやる大なわとびは簡単そうに見えるが、大人の場合は事情が違う。自分の前の人の背が高ければ縄の動きが見えない。前の人が動くのを見てからジャンプするのでワンテンポ遅れてしまう。最初は一〜二回で足がひっかかってストップが続き、列の後方にいた私は何度もひっかかってADの若者に叱られた。

「おじさん、真面目にやんなきゃダメだよ」

しかし、見えないものは見えない。慣れてきても一五回が限度で三〇回には達しそうもなかった。するとプロデューサー氏が怒り出した。

「一五回できるんだったら三〇回できないはずないだろ。根性を見せろ。できるまで全員帰れないからな」

大の大人がなわとびに根性を出せとは……まことにトホホな立場。この日は二時間の予定で日当は二〇〇〇円。一時間ほど超過して全員が飛ぶ気力すらなくすほど疲労困憊したが結局成功しなかった。もちろん残業手当など出ない。

このプロデューサー氏が必死だったのは、企画書のストーリーに「苦闘の末、三〇回ジャンプに成功！」などと書いてしまったのだろう。シミュレーションでできなかったとなれば、企画そのものが没になってしまう。その後、その局のバラエティ番組で大なわとびが放送されることはなかった。こちとら事情はお見通しだが、派遣中高年にとっては迷惑千万である。

二つの現場とも、奇跡的にけがをした人はいなかったが、仮に致命的なけがをした場合、テレビ局は雇用主ではないからいっさい補償してくれない。人材派遣会社との話し合いになるが、派遣事業の免許を持っているかどうかも不明な怪しげなネット派遣だから悲惨な運命が待っているだろう。

ノロウイルス感染者に「食品工場に行け！」

日雇い派遣会社の就業規則にはほぼ例外なく「この労働契約はキャンセルできません」と書かれていることは先に書いた。人材派遣会社側が労働契約を一方的に破棄するのは日常茶飯事だが、労働者側からのキャンセルはどんな深刻な事情があろうと絶対に認めない。たとえ労働者の健康面に問題があり、自身や周囲の人々だけでなく、さらには商品の安全が脅かされる状況であっても人材派遣会社は出勤を強要する。本来、雇用主には労働現場の安全を確保する責任もあるのだが、まったく頓着しない姿勢には驚くばかりだ。

これもまた私の実体験である。

二〇一四年一二月某日、クリスマスが近づいて人材派遣会社から「菓子製造補助」の求人メールが送られてきた。ある大手製パン会社のクリスマスケーキは、神奈川県・某市郊外にある工場で一括製造されている。私に指定された作業時間は二〇時～二八時三〇分の終夜勤務で、二四時～二五時の一時間は休憩。深夜割り増しが適用される時間が長く賃金総額は一万二〇〇〇円ほど。体力のある人、あるいは昼夜別々の現場で毎日働いている人（決して少なくはない）にとっては稼げる職場として人気がある。食品を扱う現場だから制服が用意されるが、清潔な上履きと清潔なTシャツ持参が義務だ。

出勤日の朝、猛烈な腹痛に襲われ目がさめた。トイレで嘔吐と下痢を繰り返す。ノロウイルスにやられたと直感した。その二日前、喫茶店の大テーブルで私の近くに座った若い女性が、突然、スパゲティ皿に突っ伏すようにして嘔吐するのを見た。ノロは感染力が強いからその場をすぐに離れたのだが、最初のひと吐きで感染してしまったらしい。

午前中に何とか腹痛は収まったので勤務すること自体は可能だったが、職場で扱うモノがモノだ。ウイルス感染の疑いがある人間が行くべき職場ではない。私にウイルスをうつした女性のように予測できずに嘔吐してしまったら、大量のケーキにノロウイルスをばらまくことになる。

昼前になって私は人材派遣会社にメールを出した。

「朝から腹痛、嘔吐下痢。申し訳ありませんが本日の勤務は無理です」

数分後、人材派遣会社の女性からキンキン響くきつい声で電話がかかった。

「当日キャンセルができないということはご存知ですよね」

「ええ、何度も念押しされていますから。でも今の体調では……」

「もうすでに派遣先に一五人分の名簿を送って、このスケジュールは完結しています。キャンセルはいっさいできません」

病気の症状などいっさい尋ねず、ひたすらキャンセル不可を口にする。

「すみません。次はきちんと働きに行きますから」

「そうですね。次もお仕事したいのなら今日も約束どおり行って下さい」

「……」

「ご存知でしょうが、当日キャンセルは派遣先にたいへんな迷惑がかかるので、以後のお仕事の紹介を打ち切るか登録を抹消することになります」

たいへんな迷惑と言っても、派遣先のケーキ工場には複数の派遣会社から大勢の労働者が送られてくる。自前の社員もいるのだから、ケーキ作りにはまったくの素人でイチゴを載せるくらいしか役に立たない私一人が欠けたところで、製造業務に大きな支障が出るとは思えない。要するに派遣会社の彼女にとって迷惑ということなのだ。女性に弱い私ではあるけれども、さすがにノロはダメだろう。

「登録抹消は残念ですが仕方ありません」

「あのねえ、あなたには責任感というものがないの？　あなたは抹消でよくても今日の現場のみんなが困るんですよ。何が何でも現場に行って下さい」

「でも、原因はノロウイルスかもしれないんですよ。食品工場にノロはまずいでしょう」

ノロと聞いてさすがに絶句したのか、少々間があいた。

人材派遣会社の女性社員が必死なワケ

「病院には行ったんですか？」

「いや、ノロは脱水症状にだけ気をつけていれば、そのうち自然に治るそうですから」

「そんなこと聞いてるんじゃありません。医師の診断はないんですね。あやふやなことを言われても困ります。大丈夫ですから勤務に行って下さい」

「だ、大丈夫って……何が大丈夫なんですか」

「衛生面は百パーセント完璧な工場ですから大丈夫です」

「ノロでもですか？」

「だから、本当にノロだと思うなら医師の診断書をとってその画像を送って下さい」

それからもしばらく押し問答は続いたが、最後までキャンセルを承諾することはなかった。

結局、診断書を送ると嘘を言って電話を切り、その派遣会社とは縁を切ることにした。ただ、登録抹消になったはずなのにその後も求人メールは送られてきた。この尋常ではない執着ぶりの背景にはいったいどんな事情があるのか。

別の派遣会社の社員によると、当日キャンセルは人材派遣会社の労働者管理部門を担当する女性社員にとっては、ピンはねの対象人数が減ること以上に深刻な問題があるという。どうしても予定通りの人数が必要で、その人材派遣会社が代役を立てられなければ派遣先企業が自分で探さなければならない。当日急に召集されて快く動いてくれる人はそうそういないだろうから、派遣先に迷惑がかかることは確かだ。

そんなことがたび重なると、派遣会社の営業部員（多くが体育会系の男性）は派遣先に謝りに行かねばならない。営業部員の怒りの矛先は労働者を管理しきれない女性社員に向けられる。営業部員は派遣がうまくいかなかったのは自分の責任ではないと周囲にアピールするためもあって、特に大きな声で長時間怒鳴り続けるという。

派遣先の中にはドタキャンに対してより厳しい対応をする企業もある。合理化を徹底して常にぎりぎりの人数でまわしている派遣先は、あらかじめ「当日キャンセルによる減員が許されるのは二回まで」と決めて、キャンセルが三回になると人材派遣会社を入れ替えてしまう。定期的に一五人の派遣労働者を受け入れてくれる先のケーキ工場のような取引先は、中小人材派遣会社にとってこの上ないお得意さまだ。もし契約が切られたらその原因を作った社員は上司や同僚から非難の集中攻撃を受け、居づらくなってやめるのが普通だという。人材派遣会社に勤務する若者たちには、カネ儲けのためなら何を言い出すかわからない無分別さを感じることがよくある。若くて社会経験に乏しい分、食品衛生の恐ろしさや労働者の健康への配慮などには気がまわらないのだろう。

責任の所在がはっきりしない現行の労働者派遣制度にも問題がある。人材派遣会社の管理担当の女性は労働者を派遣するだけが自分の業務と考えていて、健康状態など必ず伝えるべき情報でも派遣先に伝えようとしない。病み上がりだなどと伝えると、どうしてそんな人を寄越すのかと叱られるのは確実だ。派遣先企業の社員も派遣労働者の健康状態など尋ねることはない。

そんな背景があるにせよ、ノロウイルスに感染したかもしれないと申告する労働者をケーキ工場に無理にでも送り込もうとする姿勢はすさまじい。もし私が今日の食費にも困るほど窮乏していたら、これ幸いと勤務についていたかもしれない。

こんな危ない指示を出したことが公になったら、この人材派遣会社はどうなるだろうか？　労働安全衛生法で定められた雇用主の義務として「病者の就業禁止」がある。これを遵守する義務は人材派遣会社にはない。派遣先が責任を負っている。

ノロウイルス感染の可能性があると知っていて派遣したとしても（知っていたとは絶対に言わないだろうが）、その労働者を実際に使うかどうかは派遣先の食品工場の判断だ。

派遣労働者がノロウイルスをケーキにぶっかけて派遣先に損害を与えた場合、誰に責任があるのか？　実は雇用主である人材派遣会社に責任はない。現実的に派遣先での動向をすべて確認するのは容易ではないというのがその理由だ。派遣先が負った損害賠償は当該労働者に請求すべきとされている。なるほど、人材派遣会社がノロに感染した私に「何が何でも行け」と言うはずである。労働者派遣制度がそれを許容している。無理な派遣労働が原因で食中毒などの惨事が起こってからでは遅い。派遣労働者の健康管理の責任は誰が負うのか明確にすべきだ。

盗難被害も泣き寝入りの派遣労働者

人材派遣会社の就業規則にはこんな取り決めもある。

〈現場での貴重品の紛失、盗難に関しましては当社は無関係であり責任を負いません。派遣先には制服着用の場合を除いて着替える場所、荷物置き場などはありません。紛失、盗難の恐れがあります。着衣、荷物は最小限にして下さい〉

派遣先での紛失、盗難がありうるという前提での就業規則だが、実際に盗難は少なくない。特に日雇い派遣労働者の場合、鍵の付いたロッカーなどを使わせてくれる派遣先はまずなく、バッグやコートの置き場に困る場合がほとんど。貴重品が入ったバッグを作業中は持ち歩くわけにいかず、倉庫片隅の小物置き場の棚の空きスペースなどに無造作に置かれるケースが多い。業務終了後に財布がなくなっていると私の目の前で泣き崩れる女性を見たことがある。

派遣先企業と派遣労働者とは雇用関係はないから、就業直後のトラブル発覚であっても盗難は業務に無関係だからと派遣先は逃げてしまう。派遣会社の営業担当に相談してもうやむやにされてしまう。人材派遣会社の営業マンが行動的になるのは、派遣先からクレームが出た派遣労働者を問い詰める場合だけで、派遣労働者が困った場合はお地蔵さまのように寡黙になる。こんな派遣労働者の苦しい立場を利用して荒稼ぎしようとする派遣先の正規社員もいる。にわかには信じられないかもしれないが、これも実体験である。

ある国家試験の講習会の会場でのこと。十数人の日雇い派遣労働者は例によってバッグの置き場に困り、会館裏手の通用口に近い配電室の空きスペースにまとめて置くことになった。場所を指示したのは派遣先の数人の正規社員である。その後、配電室が施錠されたかどうかはわからない。

仕事がすべて終わった後、バッグに入れておいた小銭入れやパスネットがなくなっていると騒ぎになった。複数のバッグが被害にあっていたが、幸い盗難を警戒して貴重品を持たない人ばかりだったので被害金額は多くなかった。私も残額五〇〇円ほどのパスネットがなくなっていた。パスネットのカード代と合わせて被害額は一〇〇〇円。

ここにバッグが集積されていたことを知っているのは、派遣労働者全員とバッグ移動を指示した数人の正規社員、そして通用口の守衛だけだ。関係者以外は入れない場所だから外部から泥棒が忍び込んだとはまず考えられない。派遣の面々は会館の表のほうにそれぞれの持ち場があるので、就業中、裏手にある配電室には近づけなかった。守衛が張りついていた通用口には、彼の姿も視野に入る監視カメラがあるのでやはり自由に動けなかったはずだ。つまり、疑わしいのは正規社員だけだった。だが、派遣労働者がそれを口に出すのは憚られた。

この講習会の仕事は時給が一二〇〇円と比較的高く、仕事はきれいで楽なので人気があり継続して働いている人が多い。派遣先に悪い印象を与えてしまえば、次から仕事をまわしてもらえなくなるのは確実だ。盗まれたのはわずかな金額だし、騒いだところでどうせ盗まれた物は戻ってこない（ちなみにこのような内部犯行の疑いが濃厚な事件の場合、警察は110番で駆けつけても捜査せずに引き上げる場合が多い）。

あくまで消去法の推論だから、正規社員の犯行だったという確証はない。だが、もしも派遣労働者の「保護されない弱い立場」を悪用して、自分よりはるかに賃金の安い労働者からせっせと小金をせしめたとしたら極めて悪魔的である。なお細かい話だが、派遣労働者が派遣先で所持品を紛失したり置き忘れたりした場合、あとでそれが見つかってもいちいち連絡などしてくれない。

派遣先に小さな筆箱を忘れたことがあった。安い物だから放置しようかとも思ったが、一応、人材派遣会社には連絡した。すると営業担当が持ち帰って会社に保管してあり、宅配便で送ることになっているからお送りしますという。登録労働者に配慮しないのが慣わしの人材派遣会社にしては珍しいこともあるものだと思っていたら、何と着払いで送られてきた。着払いは通常の宅配便の倍くらい料金が高い。中身の鉛筆なども含めてせいぜい二〇〇円ほどの価値しかない筆箱に八〇〇円の着払い料金を払う羽目になった。

派遣会社の社員はマニュアルで行動するから融通がきかない。仮に私が「もういらない」と言ったとしても彼らは着払いで送りつけただろう。

疑惑の「登録費」

テレビ局へのエキストラ、スタジオ観覧者派遣を謳う人材派遣会社は、賃金として日給五〇〇〇〜七万円などという好条件を掲げる。だが、この求人内容にはクビを傾げざるを得ない。テレビ業界は一九九〇年代の不況期から一貫して経費節減に取り組んでいる。その過程で従前では仕出屋と呼ばれていたエキストラや観覧者をまとめて派遣する会社との契約を次々に打ち切ってきた。

ドラマのエキストラなどはコストをゼロにするため視聴者に無償協力を呼びかけている。フジやTBSは特に熱心だ。余談になって申し訳ないが、これはこれで大問題である。善意で撮影に参加した視聴者が途中で交通事故にあったり、現場で負傷したりしてもテレビ局は補償してくれないのだ。

視聴者から毎年五〇〇〇円の会費を「徴収」してエキストラ登録させるフジテレビクラブに確認すると、スタッフの現場のしつらえに瑕疵があった場合、たとえばエキストラが歩く場所で人が落ちるような穴を規制線なしで放置したといった、原因が明らかに局側に帰属する事故以外では補償しないという。つまりエキストラが元々あった車道と歩道の段差でつまずいて骨折した事故などでは補償されない。

立ち入り禁止のロケ現場に入れて好きなタレントを直接見られるのは楽しいが、撮影に参加する際は身の安全に十分に注意する必要がある。

このように派遣先のテレビ局が独自に無料で人を集めている状況だから、エキストラや観覧者の人材派遣会社に登録しても稼げるとは思えない。

面接に行ってみると、ある会社では最初に登録料として八万円徴収すると言いわたされた。それではと登録料無料を謳う別の会社に出向いたら、宣材写真代として三万円、マネージメント料として七万円で計一〇万円ともっと高い。さらに指定のレッスンを受ければワイドショーの再現ビデオ出演程度の演技力が身につくとしてレッスン料が一回一万円。登録時に労働者が払うお金の説明ばかりだった。

最初に多額のお金を要求することで想起されるのは、ひところ子育て中の主婦をターゲットにした悪徳商法として社会問題になった内職商法だ。内職商法は建築模型の製作やパソコンソフトなどの技能を習得すれば、家に居ながらにして安定した高収入を得られるという触れ込みで数十万円もの教材を売りつけるが、約束した仕事の紹介はしない。日本全国で外に働きに出られない多くの主婦が被害にあった。

仕事をきちんと与えてくれる人材派遣会社もないわけではないが、中高年にはやはりおすすめしない。現状、劇団なども含めエキストラができる人は若い人より年配者が圧倒的に多く中高年は飽和状態だという。登録してよほど運がよければ出演の機会があるかもしれないが、ぜんぜんまわしてもらえず登録代が丸損になる人が少なくない。

第三章　人材派遣の危険な落とし穴

――「もう来るなよ。てめえみてえなじじい、いらねえから」

人材派遣が急拡大した本当のワケ

労働者派遣を拡大させる原動力になった最も大きな存在は日本経済の中心を担う経済界である。一九九五年、財界の総本山である日経連（日本経営者団体連盟）は「新時代の日本的経営」を発表した。これは働き手を「長期蓄積能力活用型グループ」（正社員の終身雇用）、「高度専門能力活用型グループ」（専門的な能力を有する働き手を必要な期間だけ雇う）、「雇用柔軟型グループ」（パート、派遣労働者などの低賃金不安定労働者）の三種に分けて、労働力を効率的に使い企業収益を高めようというものだ。

日経連がこうした労働者カーストの検討を始めるには伏線があった。一九九〇年代に長期不況に陥ると企業収益は低迷し正規社員の人件費が重荷になった。若年層の求人は抑えたが、四〇代以上の社員の削減は長年の慣行である終身雇用が壁になり困難だ。おおっぴらには社員を差別化できない。その状態で希望退職を募ってリストラしようとしたら、辞めてほしい社員ではなく役員候補とみなしていた優秀な社員から辞めてしまうという不本意な結果になることもあった。

企業が正規社員の合理化に四苦八苦していたことに加え、非正規の契約社員からは賃金差別の是正を求める訴訟が各地で起こされた。同じ仕事をしながら雇用の管理形態が正社員と異なるという理由で賃金に大差がつくのは、身分などによる賃金差別を禁じた労働基準法三条の趣旨に違反すると主張した。

さらにパート労働者による賃金差別訴訟も相次いだ。ある判決では、当該パート労働者の賃金が同じ仕事に従事する同じ勤続年数の女性正社員の八割以下になるときは労基法三条、四条の根底にある均等待遇の公序に違反すると判断した。

人材派遣業界は、契約社員やパート労働者の賃金差別訴訟の頻発が追い風になると見て、クライアント企業に対し、「労働者を本来の職場から切り離して我々が雇用するという形にすれば、めんどうな訴訟は回避できる。人事責任も負わない」という「サービス」を提案した。また、政府に対しては人材派遣のさらなる規制緩和を強く求めた。

こうして日経連が定めた三種類の労働者のうち、三番目の雇用柔軟型グループを人材派遣会社が引き受ける形になった。

またアウトソーシングという言葉が二〇〇〇年頃から頻繁にメディアに登場するようになった。流行らせたのは企業に人減らし合理化を提案するコンサルタントだ。アウトソーシングとは要するに「外注」である。

官公庁と自治体、外郭団体でも非正規労働が拡大

小泉政権下、政府は急膨張する財政赤字を食い止めるため、官庁のそれまでの随意契約方式による民間事業委託を否定し、競争入札制度を採用することとした。公的機関の場合、特に人材派遣はありがたい切り札になった。巨大労働組合である連合が存在し、政権からの人件費削減圧力が強まっても労使交渉に時間を費やさざるを得ず結果を出せるかどうかもおぼつかない。

しかし、人材派遣会社を経由すれば同一労働でも賃金や待遇を一気に下げられ、既存の職員は自分たちの既得権が守られさえすれば文句は言ってこない。これは税収不足に悩む自治体においても同様だ。図書館司書や役所の各窓口、公立学校の教職員、カウンセラー、消費生活相談員、博物館や大ホールの運営スタッフなどが続々と外部の民間業者に委託され、同時に人材派遣会社が低賃金労働者を送り込む仕組みができあがった。

最低価格落札方式の場合、最初に役所側が出した仕様書に従っていれば、提案企業の業務の質、労働者の待遇など事業の中身が問われることはない。これが今日、大きな問題を引き起こしているのだが、それについては次項で詳述する。

岩波ブックレット869『非正規公務員という問題　問われる公共サービスのあり方』によれば、二〇一二年の時点で地方公務員のうち三分の一以上が非正規公務員になった。

正規公務員と同じ仕事をしても手取り一四万円程度と賃金は最低レベルで自立した生活ができない上、常に雇い止めの危機にさらされている。

ある公立中学校の臨時教員の場合。在職期間は一四年におよび授業だけでなくクラス担任も受け持っている。ホームルームに給食指導、清掃指導、部活指導、クラス通信の作成、家庭訪問や生徒・保護者との三者面談などと正規教員とまったく同じ仕事をしているのに給与は正規の半分にも満たないという。

もっとひどい待遇は非常勤講師で時給一二一〇円。一日五時間、週五日勤務しても月収わずか一一万円。夏休みや冬休みの長期休暇の間は収入ゼロ。他の日雇いアルバイトをしないと生活できない。

DV被害者などを救済する婦人相談員も多くは非正規だ。生活保護世帯のめんどうを見るケースワーカーも非正規。月収は週三五時間労働で額面一四万円程度とされている。

ハローワークの労働相談員は二〇一二年度当初、常勤一万一五八九人に対し、非常勤は二万一七六人。非正規労働者を正規に移行させるべき担当者の三人に二人が非正規という皮肉な状況が生まれた。任期制のため年度末に雇い止めとなった瞬間、数千人の相談員がカウンターの反対側に飛び移って求職相談をするというコントのようなありさまになった。

こうした行政職は社会に必要とされているから設置されている。非正規に移行させたことによる悪影響は、今のところ本人の待遇以外は指摘されていないが、実は業務遂行に支障が出ている機関がある。

消費生活センターの消費生活相談員は法律などのかなり難しい試験に通った選ばれし人々だが、約三二〇〇人のうち実に九七パーセントが非正規だ。

私は三〇年にわたって悪徳商法を取材してきた。最近気がついたのだが、被害者が消費生活センターに訴えた際、年配の正規相談員なら相手の会社に電話で勧告するなどの対応をすぐにとってくれた。悪質性を自分で判断し臨機応変に行動する自由がある。ところが、非正規の相談員は対応が一様に冷ややかで、すぐには対応してくれない。非正規相談員は常に雇い止めの恐怖にさらされている。へたに相談に乗って自分の判断で動き、相手の会社に抗議されて問題化したら自分の雇用が危うくなる。だから、非正規相談員はよほど公にオーソライズされた案件でない限りまともに話を聞こうともしない。

誠実に相談に乗ってしまったために雇い止めになってしまった相談員の方も実際におられた。性能が劣悪で空気清浄化の機能がほとんどない空気清浄機を販売する会社について相談したところ、ある相談員の方がその清浄機に関わる苦情の件数や訴えの内容を教えてくれた。消費者に注意喚起するため雑誌にそのデータを掲載したところ、公表は時期尚早とセンター内で問題になって彼女は私からの電話に出なくなり、翌年度には辞めさせられてしまった（この空気清浄機について、二〇一五年四月現在、消費生活センターは依然として沈黙を守っているが、東京都が性能試験を行った結果、空気清浄機能がほとんどなく役に立たないというデータを公表している）。

実のところ消費者行政は悪徳業者の反撃にはたいへんナーバスだ。行政とてその権力はオールマイティではなく、悪徳業者についた弁護士から重箱の隅をつつくような訴訟を起こされれば、仮に裁判で負けなくとも対応に多くの時間と労力を割かねばならない。本業ができなくなってしまうから役所での立場は悪くなる。

社名公表などの対応をへたに行って、営業妨害などの裁判を起こされてはたまらないと組織全体で警戒している。日々その空気を感じている非正規相談員は雇い止めを恐れるあまり、相談に来る消費者に冷淡になり、悪徳業者の情報は隠して彼らの営業を助けるという本末転倒の状況になっている。

非正規公務員の拡大で、国民は確実に不利益を被っている。

時給二〇〇〇円が九〇〇円に

官公庁や外郭団体の業務外注によって増えた人材派遣の中で、最近、中高年に特に人気の高い仕事がある。各種国家試験等の試験監督だ。空調のきいた室内での比較的楽な業務で、肉体労働でこき使われることはない。また、世間体にこだわる中高年にとっては「都の教員採用の試験監督をしている」などと友人知人に説明できるので格好もいい。一時期は時給も高く「中高年のパラダイス」などと言われた時期もあったが、人材派遣会社の参入で市場は荒れて時給は半分以下になり、不正や事故まで起こるようになってしまった。

このビジネスの起源は大手予備校や受験出版社だ。これらの企業は長年の模擬試験実施経験で、多人数でも少人数の試験でもトラブルなく対応できるノウハウの蓄積がある。

一方で年に一回か数回、試験を実施する団体や企業の側は慣れていないため、手間と経費をかけてもミスを完全になくすのは難しい。大学入試や高校入試でたびたびミスが起こるが、公正であるべき試験でミスがあってはならない。このため試験のプロにまかせる外注化が進んだ。

外注される試験の種類は電気工事士や宅地建物取引主任者などの国家資格、日本語検定、漢字検定、ＴＯＥＩＣなど語学関連、大学受験生の模擬試験など多岐にわたる。意外なことに東京都の教員採用試験や国の司法研修所の卒業試験まで外部発注だ。国家試験は厳正な扱いが求められるし、受験生の不正行為の手助けなどあってはならないから、試験監督には相当厳しい資格審査が行われていると思うかもしれない。

だが、意外に簡単だ。難しい採用試験や面接はない。一応書類審査で学歴などがチェックされ、試験にふさわしくない風体（ヤンキー風、紫や赤などけばけばしい髪色、たくさんピアスをしているなど）の人は採用されないが、外見が穏当で普通の事務仕事に支障のない人なら誰でも参加できる。

試験場での監督の男女比はおおむね半々。男性だけ、あるいは女性だけと偏らせないのはトイレの問題があるからだ。試験中にトイレに行きたいと受験生が訴えた場合、不正防止のため監督はトイレの個室の前まで付き添う。だから試験室ごとに監督は男女のペアが基本になる。

担当する教室の受験生数に応じて二～五人程度の監督員が配置され、朝の準備から試験終了までチームで行動する。試験室で何かトラブルがあった場合の責任を明確にするため、担当以外の試験室への干渉は禁じられている。

現状、年齢別では四〇～六〇代が圧倒的に多く若者は少ない。試験監督の仕事は楽だが時給が九〇〇～一〇〇〇円と安くなってしまったので、短時間で稼ぎたい若者には見向きもされない。

研修日当なし、交通費なし、最低賃金以下

実は一〇年ほど前まで試験監督の時給は二〇〇〇円程度だった。先発企業が賃金を高めに設定していたのは、受験生に直接接する監督の待遇が悪く気分がカリカリしていると、受験生対応に悪影響が出かねないと配慮していたからだ。

時給がこの一〇年足らずで半分以下に下がってしまったのは、人材派遣会社の参入だ。試験運営に携わる企業には特別な資格が必要なわけではない。ノウハウさえ盗めればどんな会社でも可能だ。人材派遣会社は極端な安値で入札に臨み次々に先発企業を駆逐していった。そして安値受注でも赤字にならないように労働者の時給を思い切り下げた。

健全に雇用されていた労働者の賃金を悪化させたのは、「労働者を保護する」はずの人材派遣業界である。人材派遣会社のやり口は賃金低下だけに止まらず、労働者の待遇をどんどん悪化させた。交通費は先発企業が一律一〇〇〇円支給していたのにゼロ。先発企業が所定の勤務時間を一分でも超過すれば一五分単位で残業代を支払うのに人材派遣会社は三〇分程度なら平気で踏み倒す。また、先発企業は試験ごとの研修をスマートフォンやパソコンで自分でできるように配慮しているが、人材派遣会社は試験ごとに都心に呼びつけて研修に参加させる。その日当も交通費も払わない。

労働契約メールには「研修日当は当日の賃金に含まれます」という、不思議な説明が添

付されている。研修は通常一時間程度かかる。当日の勤務時間が七時間で時給九五〇円なら、支払われる賃金は額面六六五〇円。当日の七時間に研修の一時間を足すと八時間になり、六六五〇円を八時間で割ると時給は約八三一円。これは東京都が二〇一四年一〇月一日採用の最低賃金八八八円以下になり違法だ。さらに研修に行って帰るための移動時間、研修が始まるまで待たされる時間などを加えると三〜五時間かかる。事実上、最低賃金を大幅に下回る条件で働かせている。

人材派遣会社の狡猾な手口

研修の内容はと言えば、人材派遣会社の若い社員がマニュアルをたどたどしく読み上げるだけでぜんぜん意味がない。マニュアルを自宅に送って事前に熟読するよう指示すれば済むことだ。だが、実はこんなふうに一見無駄に見える手順を実施することには、労働者の立場にいっさい配慮しない人材派遣会社ならではの、意表をついた老獪な陰謀があった。その会社の社員が解説してくれた。

「研修で都心に呼びつける本当の理由は、当日の欠席者をなくすためですよ。派遣労働者はモラルが低いから、放っておくと当日朝の気分次第で簡単にサボります。我々は試験当日にばっくれられて（連絡もなく欠席）運営が滞るのが一番恐いんです。一方で派遣労働者は貧乏でせこいから、研修に来た人はその分の時間を無駄にしたくないので試験当日も必ず来ます。研修日当を別立てで支給しちゃうと、それで満足して当日ばっくれちゃう人が必ず出る。だから別立てにしないんです。派遣労働者の心理を研究した結果、出勤の確約を取るにはこれが一番手堅いとなったわけです。もちろんそんな裏事情は彼らには絶対に悟られないよう、研修はきちんとやってますよ（笑）」

試験のたびに毎回行われる無駄な研修の裏には「労働者と雇用主の関係は双方誠実であるべき」という労働法の理念などあざ笑うかのような、差別と支配に加えて「騙し」の論理があった。自らの利益を守るために労働者に無用の犠牲を強いる、こんな手口も人材派遣会社の身上だ。

ちなみに試験請負の先発企業の場合は欠員発生に備えて必ず待機要員を確保している。欠員がなければ待機要員には屋外での受験生誘導などの業務が割り当てられ日当は全額支払われる。一方、人材派遣会社は待機要員を用意しない。私の経験では人材派遣会社が請け負った大学受験の模擬試験で、監督に欠員が出たからとして当日朝になって試験室の担当を三人から二人に減らされたことがあった。

受験生の数は一五〇人。試験を円滑に実施するためには最低でも受験生五〇人に一人の監督というのがこの世界の常識だ。答案の回収や問題配布の遅れが時間ごとに重なり、最終的にほかの試験室のスケジュールから大幅にずれてしまったが、二人とも経験者だったため必死に頑張った結果、大きなトラブルにはならなかった。他の監督が三人でやったのと同じ業務を二人でこなしたのに賃金は増額されなかった。出勤しなかった一人分の賃金は人材派遣会社の利益になり、私たちの頑張りは違法な彼らを太らせただけだった。

試験監督業務は大勢の受験生に注目されるから、初心者のうちはたいへん緊張する。もし未経験の人をいきなり監督に仕立てたら、どうなるだろうか？　要領がまったくわからなければ困惑して悲惨な事態になりかねない。

二〇一四年一二月。その悲惨な事態が実際に起こった。その舞台は、皮肉なことに日本社会の公正さを保証する司法権の最高峰＝最高裁判所が設置する司法研修所だった。

人材派遣の安値受注が生んだトラブル

試験監督と一口でくくってきたが、先発企業は監督、監督補助員のほかに、本部要員、フロア統括、副責任者、責任者など、「監督を監督する」職種を置いている。監督の中に経験の乏しい人がいても適切に指導し試験を大過なく終わらせるためだ。

だが、利益優先の違法な人材派遣会社はこれらの管理要員をすべて省略した。埼玉県和光市にある司法研修所。国家試験の中でも最難関の司法試験に合格した司法修習生らを教育し、裁判官志望であれば判事補に任官、検事志望であれば検事として任検、弁護士ならば弁護士会に登録されるまでに必要な知識や裁判実務を仕込む、最高裁判所が設置する研修機関である。

毎年九月に発表される司法試験の合格者に修習生採用が発令され、翌年一月から一一月まで全国の裁判所、検察庁、弁護士会での実務修習と司法研修所での講義を受ける。最後に「司法修習生考試」と呼ばれる卒業試験があり、これに合格しないと法曹資格を得られない。司法試験に次ぐ厳しい国家試験であることから「二回試験」とも呼ばれている。

不合格者はいったん罷免され、修習生として再び採用され一年間勉強をやり直して再受験する。約二〇〇〇人の修習生にとっては人生を左右するたいへん重要な試験で、一〇〇人近くが不合格になったこともある。

試験は五日間にわたって行われ、一日一科目で五科目（検察、刑事弁護、刑事裁判、民事弁護、民事裁判）あり、実際の裁判に即して論文をまとめる。試験時間は連日午前一〇時二〇分から午後五時五〇分まで七時間半。修習生は昼食時もおにぎりやパンを片手にひたすら事件調書などを読み解く。

事実認定を的確に行って弁護や起訴の方針を決め、判決文などを仕上げる。採点は各科目とも優・良・可・不可で評価され、一科目でも不可があれば不合格。また起案用紙に所定の表紙を付け、今時珍しくとじヒモで時間内にきれいに仕上げる決まりで、とじヒモが緩んでいたり表紙が付いてなかったりと不備があればそれだけで失格となる。

人材を集められない人材派遣会社

二〇一四年の「司法修習生考試」は一一月二〇日から二七日までの平日に行われた。会場は司法研修所の教室だが、試験の運営には最高裁の裁判官や法務省の官僚はいっさいタッチしない。最高裁の事務総局の若い職員二人が試験本部に張りついていたが彼らはオブザーバーに過ぎない。実務は大手人材派遣会社のE社への丸投げで、毎日五人ほどの社員が交代で参加したが、ほとんど二〇代前半と若く試験運営の経験に乏しかった。

およそ五〇ある試験室での作業は、E社に登録した三〇〇人ほどの労働者が担当した。時給は一〇五〇円で交通費は支給されない。通常、国家試験は休日に行われるため、監督業務は平日に常勤の仕事を持っているサラリーマンも含めて人気があり、実務経験があり業務の重要性を理解できる人が優先的に採用される。そのため外注でも大きな問題は起こっていない。

ところが「司法修習生考試」はすべて平日に行われたため、人集めがうまくいかなかった。最初は前日の研修を含め六日間通しで募集をかけたが定員にはるかに及ばず、一日ごとの採用に切り替えたがそれでも足りない。こうした場合、試験請負の先発企業であれば他の人材派遣会社に発注して適切な人材を確保する。だが、その人数分、賃金に人材派遣会社のピンはね分を上乗せして発注しなければならず、利益は確実に減る。

そのため、司法研修所の業務を請け負った人材派遣会社はあくまで自前で集めることにこだわり、どんな人でもいいからとかき集めた。しまいには業務研修を受けていない人にまで、当日召集をかけて試験本番に投入するという暴挙に出た。この試験監督には一〇八ページもの分厚いマニュアルがわたされる。作業手順や修習生への説明コメントは分刻みで細かく決められ、リハーサルも含め八時間の研修を受けた人でもとまどうことが多い。いきなり試験室に配置されてマニュアルを読む時間もないのでは、対応できるはずがない。それはE社もわかっていたはずだ。

果たして、試験本部の中講義室に集められた監督の中には、ヤンキー風のあんちゃんや、マニュアルの漢字も読めないギャル、他人としゃべらないコミュニケーション障害気味の青年などもいた。とにかくスーツを着ていればオッケーという安直さ。スーツの下のカラーシャツをはだけた与太者風のおじさんもいた。

試験監督を何度も経験した中高年の中には、人材派遣会社の社員に対し、「こんな体制ではうまくいくはずがない。ミスがあってはならない大事な試験なのだからもっと経験者を増やすべきだ」と忠告した人もいた。だが、人材派遣会社の若い社員たちは提言をまともに聞こうともしなかった。

試験監督が逃亡しちゃった

初日は修習生からの「監督の指示がよくわからない」という苦情から始まった。また回答済みの答案の確認等でトラブルが続出し、業務終了予定時間を大幅に超過。さらに七時間半という長丁場のため、飽きた試験監督が「ファ〜ア」と声を出して大あくびしたり、しきりに鼻をほじったり、教壇で居眠りしたり、ヒソヒソと世間話を始めたりとやりたい放題で、眉をひそめる修習生が多かったという。

業務手順をめぐって「資料の回収が先だろう」「違うよ。おまえが間違えてんだよ」などと監督同士の怒号がとびかった試験室もあったそうだから、真剣に試験に取り組む修習生たちのやるせなさはいかばかりだったか。

試験の二日目。二四番試験室でその重大事件は起こった。配置された女性監督は当日の朝に無理やり呼ばれ、「昼頃までなら」という条件付きで定時より遅れてやってきた。彼女は業務内容も知らされていなかった。二四番には研修を受けた男性監督もいたが、試験中はおしゃべりできないため女性に一から説明するわけにもいかず、実質一人で作業する羽目になった彼は忙しさのあまり混乱してしまった。昼過ぎから二四番教室では「私、帰りたいんですけど」という女性の金切り声がもれ始め、夕方になると、この女性監督は、「こんな遅くまで仕事するとは言ってない。私には予定がある」と大声でわめいた挙げ句、逃亡してしまった。

男性監督もパニックになり、「ちょっとあんた待ちなさいよ」と女性を追いかけて行ったまま戻ってこず一時行方不明になった。監督がいない二四番試験室には、記入済みの答案がほぼ一時間にわたって放置された。答案はすべて同じ起案用紙でとじヒモでしばっただけ。未使用の起案用紙も大量に残されていたから、監督不在の試験室では文章を足したりさしかえたりが容易にできた。国家試験の監督は回答済みの答案を体から離してはいけない。受験生や第三者が好き勝手に手を入れられるなら、試験で最も大事な公平性が確保されないからだ。絶対にあってはならない不祥事だった。

たまたまこの試験室をドアの窓からのぞいたほかの試験室の監督が机上に放置された答案を発見し大騒ぎになった。駆けつけた人材派遣会社E社の社員もさすがに事件の重大性を認識して青ざめ、「封鎖！　二四番は封鎖！」と叫んで、残っていた修習生や集まってきた監督らを遠ざけた。

最高裁の職員とE社の社員は試験本部の片隅に集まり対応を鳩首協議。その結論は、この件はなかったこととして報告せず、箝口令を敷いて隠蔽することだった。事実を知る監督らには、「ネットになんか書くなよ。もし表に出たら必ず犯人を捜し出して、仕事の紹介を打ち切るからな」などと個別に恫喝した。

不正の温床になりかねない危うさ

問題はこれだけにとどまらない。国家試験の監督は一日中、行動範囲が制限され、試験本部と担当試験室以外には行かないように、トイレの中まで監視されるのが普通だ。自由行動を許せば不正が簡単にできてしまうからだ。

こんな手法がある。試験開始のほぼ二〇分前に問題用紙の封印が解かれる。冊数を数えるどさくさにまぎれて監督が一部持ち出し、人気のないところに行きスマホで撮影する。五分もあれば終わるから何食わぬ顔で冊子を元の場所に戻す。画像はメールで外部に送られ、試験のエキスパートが模範解答を作る。多くはマークシートだから答は数字の羅列でごく小さなメモに収まる。これを受け取った受験生は遅刻が許される開始三〇分後までに試験室に入室し受験する。実際に国家資格の試験で行われたと噂になった。

だから監督に自由行動をさせてはいけないのだが、司法研修所では監督らがビルのほかの階をぶらぶらしたり庭を歩いたりしていた。また、監督マニュアルは厳秘とされ全冊回収が原則。これが一部の受験生に流れれば前もって試験の段取りがわかるから有利になり、やはり公平性が保たれない。ところが司法研修所ではこれも流出させてしまっている。

こうした不祥事が起こってしまったのには明白な原因があった。E社が入札で大幅な安値を提示し、先発企業を蹴落として受注。その分労働者の賃金を大幅に下げた。前年まで責任者、副責任者、フロア統括等には一二〇〇～一五〇〇円の時給が支給されていたがすべて廃止し一律一〇五〇円にしてしまった。

これに怒ったのが、何年もこの業務に従事してきたベテラン中高年たちだった。E社から何度声をかけられても断る人が多く、結果として素人ばかりで運営せざるを得なかった。二四番教室の騒乱は、前年のようにフロア統括や責任者がいれば早期に監督を交代させるなど容易に対処できたはずだった。

慎重な運営を行ってきた企業を退場させ、違法な人材派遣会社に受注させた。「安かろう悪かろう」「悪貨が良貨を駆逐」で運営の質が下がり現場は大混乱となって最高裁の権威に傷がついた。

〝外注〟は経費を節約する合理化の決め手として政府、自治体、企業、団体のさまざまな事業に広がっている。それによって収入が安定した正社員が減り、ここ数年で日本全国の非正規労働者はほぼ一〇〇万人増えた。そこにからむ人材派遣会社の多くは、程度の差こそあれ違法行為が常態化している。

人材派遣会社が提案する「コストダウン」は、たとえば自動車メーカーの社員たちが知恵を絞って行う「カイゼン」や生産ラインの合理化とはまったく異質である。知恵がない。単に派遣労働者の賃金と待遇を最低のレベルに設定するだけだ。労働者の資質を問わず頭数をそろえただけで投入する運営体制は簡易にして粗雑。

次は国交省や厚労省、全国の自治体が数千人の労働者の賃金を踏み倒した事件だ。正確には、事業委託の入札で異常な安値入札を繰り返した人材派遣会社に官公庁が安易に発注した結果、その会社の業務停止によって給与が支払われず、労働者から役所に苦情が殺到した。

給与踏み倒し計画倒産?

Fさんは五一歳の主婦。三〇代から派遣の事務仕事で働いてきたが、三五歳を過ぎると継続の仕事にはぱったりと採用されなくなった。派遣三五歳定年説は本当だと実感した。

結果、日雇い派遣で官公庁で働くようになった。時給は九〇〇円と東京都では最低レベルだが、職場環境や人間関係がいいので気に入っていた。

ところが二〇一四年三月の入札でFさんが登録していた人材派遣会社が落札できなかった。落札企業を自分で調べたら、Gという会社であることがわかった。勤務先の官僚たちからは「危ない会社だから、あそこに登録するのはやめたほうがいい」と忠告されたが、そんな危ない会社と契約を結んだのは当の役所である。この仕事を続けるにはG社に登録するしかないので登録に出向いた。

登録時に担当者がいないなど混乱したが、何とか労働契約書や就業説明書を交付されて仕事ができるようになった。だが、給料が一向に振り込まれない。「契約書類が滞っている」とG社は言い訳。七月頃、突然、別の人材派遣会社からG社の営業権を譲渡されたと通知が来た。給料をぜんぜんもらってないと訴えると、過去の未払いは承知してないので、支払うことはありえないと宣告された。G社は愛知に本社があり、渋谷、横浜、仙台などに支社があった。給与踏み倒しの被害者は数千人に及んでいる。

二〇一四年一〇月頃、渋谷労働基準監督署は賃金不払いでG社の書類送検の準備をするとしていたが、その後、動きがなくなった。一説には会社の提出した書類があまりにずさんで労働者の氏名や連絡先、賃金不払いの期間も確認できないため書類が作れないらしい。

六〇歳女性のHさんは英語の特別職として時給一四〇〇円で、ある区役所に勤めた。きっかけは二〇〇八年に新聞広告でG社の官公庁派遣求人広告を見たこと。勤務先にあいさつに行ったときは来るはずの社員がおらず、なぜか同じ派遣のドイツ語翻訳家が来た。それでも派遣先の役所が問題視することはなかったという。

Hさんは六年間G社で勤務したので、各種社会保険への加入や有給休暇ももらえるはずだが、いっさいなし。職場の主任が気遣ってくれてG社の社長を呼んで係長と主任で厳しく叱った。社長はその場では深々と頭を下げていたが、その後何も改善せず、挙げ句行方不明になってしまった。損害金は一〇〇万円近い。公正取引委員会や厚生労働省に訴えたら、「その会社は知っている。状況を注視している」と答えるだけだった。

社長は元CAで名古屋財界のアイドル

この会社は翻訳者や通訳と請負契約も結んでいたが、こちらも代金を踏み倒していた。その名目は誰に対しても同じで、「あなたの通訳の質が悪かったから、クライアントが怒ってお金がもらえなかった」。ある通訳の女性はショックを受けて人間不信になり、仕事ができなくなってしまったという。もちろん、それは嘘で代金踏み倒しの方便にG社がでっちあげたものだ。

G社は元々は通訳や地方の小中学校への英語補助教員の派遣がメインだった。創業社長は元国際線のCAという経歴を売りにして、さしたる実績もないのに地元マスコミにもてはやされ、名古屋の経済界で注目を集め、トヨタや官公庁などの仕事を紹介してもらうようになり、G社を作って人材派遣業にも進出した。

しかし会社の体制がずさんなため許可制の一般派遣業免許を取得できないまま一般派遣を堂々と行い、役所にばれるたびに業務停止処分を受けてきた。それでも会社が存続し何年も営業を続けられた事実には驚くほかないが、官公庁の入札では仕様書に従った計画書があり、単純に金額が安ければ評価され、前歴はほとんど問われないからだ。

後先考えずに片っ端から異常な安値入札を繰り返し、賃金も払えない自転車操業の末、業務停止になり社長は失踪、数千人の労働者が賃金を受け取れない……財政改革のために政府が打ち出した緊縮策がこんな深刻な副作用を生んでしまった。

被害にあったみなさんは常日頃から「役所で働いているのだから安心だね」と話し合っていたという。G社に落札させた各役所に尋ねてみると、コメントはどこも似たようなものだった。

「入札には競争参加資格を満たすことが条件となっており、当該社はその条件を満たしていたことから、手続き等に瑕疵はなかったものと考えます」

派遣先である役所にも人材派遣会社をチェックする責任があるはずだ。だが、それを反省する声は聞かれなかった。まさか多くの役所が労働基準法や労働者派遣法を知らずに人材派遣会社を利用しているとは思いたくはないが、結果は如実にそれを物語っている。

二〇一五年三月現在、G社の社長の行方はわかっていない。被害者が救済される見込みはほとんどないという。

恐怖をふりまく正規社員たち

二〇〇七年に日本テレビが放送した連続ドラマ「ハケンの品格」は、いくつもの資格を持つスーパー派遣レディが、上位の立場をかさにきて威張る無能な社員たちの抑圧や嫌がらせに耐え、彼らが真っ青になるような切れのよい活躍をする物語だ。ちなみに劇中での彼女の時給は今では夢のような三〇〇〇円。

残念ながら、現実にはそんな痛快なシーンはありえない。派遣労働者は正規社員からどんな暴言を浴びせられても決して問題になることはない絶対的弱者だ。派遣社員が資格や能力をアピールしても怪訝な顔で無視され行動を阻害される。

ドラマに登場する社員は権威的、威圧的で、なおかつ陰湿だが、現実の派遣現場で接する社員はドラマをもっとデフォルメした強烈なキャラクターで登場するので驚かされる。普通はドラマが現実をデフォルメするものだが、人材派遣の世界では逆だ。

派遣労働者と正規社員との上下関係は軍隊以上に厳しい。軍隊では指揮官に対する兵士の「意見具申」が認められているが、派遣労働者は「意見」を持つことすら許されない。会話は成立せず、酷使、差別、迫害の対象になるだけである。派遣先がどうしてそこまで恐ろしげなのかと疑問に思われるかもしれないが、その実感は派遣社員、特にその日限りの日雇い派遣の立場になってみないとわからないだろう。

下から見上げると普通の会社員であっても本当に恐ろしく感じることが多々あった。日雇い派遣労働者は極端な話、目に見えるけがさえさせなければ憂さ晴らしには格好の存在なのだ。派遣労働者に業務を指示する現場責任者の中には、自分の名前を名乗らない人が多い。本来は周知させねばならないのにあえて名乗らないのは、知られるとあとがめんどうだと考えているからだ。手荒に扱われることを覚悟しなければならない。

わざと仕事の手順の一部を教えず派遣労働者が右往左往するのを見て面白がったり、休憩時間に派遣同士が世間話で盛り上がっていたら、ものも言わずにテーブルを蹴られたり、イジメに類する意味不明で不気味な仕打ちがよくある。初めての仕事ですぐに上手にできるわけがないのに、馬鹿だのクズだの落ちこぼれだのと、顔を真っ赤にして怒鳴る正規社員もいる。悪口は一言では終わらない。その表情は目がすわっていて、何かにとりつかれたように悪口雑言を吐き続ける。

ある現場では集合していきなり、「おまえらみたいなクズが大事故を起こすんだ。どういくら教えてもダメな奴はダメだ。俺がこんなに苦労しているのはおまえらのせいだ」と一人で延々とまくしたてる正規社員がいた。まだ仕事は何もしていないのでぽかんとしていると、隣にいた派遣女性が、「あの人は少しおかしいの。いつもこうだからスルーしていいよ」と言っていた。不思議なのは派遣労働者の前ではどう見ても不適格と思われるのに責任者に選任されていることだが、派遣先企業側も派遣管理を軽視しているということだろう。

労働法や労働者派遣法以前に、派遣労働者に接するときの正規社員には「感情を抑える」「相手の立場を思いやる」といった社会人として必要な節度が欠落している。派遣労働で「精神をやられますね」と嘆く中高年が少なくないのは、就業条件以外に正規社員の横暴さも大きな原因の一つだ。

二〇一五年一月三日、派遣先で我々派遣労働者を守るはずの派遣先責任者は、労働法順守を訴える私にこう言い放った。

「二時間倉庫に押し込めて、ずっと立たせとくからな」

もはや110番通報して警察に助けてもらうしかない緊迫した状況。そこに至った経緯を次項で詳しくお伝えする。

事件の現場は巨大モール

これまでいくつもの違法な人材派遣会社の事例をご報告してきた。彼らは常に労働者の権利保護に無頓着な派遣先企業とセットになっていた。ここでご報告するケースは、賃金踏み倒し、パワハラ、強要、脅迫、監禁未遂と、違法な派遣先の恐ろしい面がすべて凝縮された職場だった。

「もう来るなよ。てめえみてえなじじい、いらねえから」

巨大モールＩの売り場の現場責任者の怒声。正月休みの幸福感に満ちた笑みを浮かべる家族連れの行き交う二階の売り場。通りがかりの多くの人々が表情を凍りつかせた。

神奈川県内の私鉄駅からゆるやかな丘を登ったところにあるＩ社は、ワンフロアがとてつもなく広い米国型のモールだ。スーパーだけでなくスポーツや衣料品の有名専門店も一通りそろった地元で人気のショッピングセンターで三が日にもかなりの人出があった。

年末にＪ社という人材派遣会社から来た求人メールを見て、このモールでの「ガラポン抽選会」というイベントのスタッフに応募した。時給は一〇〇〇円と並みだが正月手当が二〇〇〇円、珍しく交通費は実費支給。このくらいの条件になると女性がこぞって応募するし、イベント運営会社の社員には女性のほうが受けがいいから、まず選ばれないだろうと思っていた。

だが、正月三が日に働く女性は少なかったのか、三日と四日の二日間の勤務を指示された。就業時間は朝八時一五分からなのに集合は八時ちょうどで、一五分の時給は支払われない。駅からモールの前まで頻繁にバスが出ているが、J社は乗車を禁じた。徒歩一〇分足らずだからと告げられたが、実際には男の早足でも二五分かかった。派遣先に請求する交通費を減らすためだ。往復バスに乗れば一人あたり四〇〇円増えてしまう。わずかな額でも労働者の犠牲によって請求額を減らせれば派遣先に媚びることができる。

派遣労働者は七人。男は私一人だけ。ほかはすべて二〇～三〇代の女性。通用口で入館証をもらい抽選会場のある二階に直行。待ち受けていたのはイベント運営会社の一〇人ほどのスタッフ。こちらもすべて若い女性だ。

派遣労働者にはダークスーツ着用が指示されていたが、イベント会社のスタッフはタートルネックのセーター、ダウンジャケットなどラフな服装。無用なスーツ着用指示も、人材派遣会社の派遣先に対する忠誠心の表れだ。平均気温が平野部より五度は低い地域の早朝、風通しの良いスーツでは寒さが身にしみた。

運営会社のスタッフは全員がマスクをしていた。聞けば仕事が始まると客との距離が近く唾液の飛沫が飛んでくることもあり、インフルエンザ等の感染を防ぐためだという。

私にもマスクをと申し出た。
「派遣の方のマスクはありません。ドラッグストアで買ってきて下さい」

混乱する運営の尻拭い

このイベントはI社が毎年実施している「ゼロ円にしちゃいます」キャンペーンの抽選である。箱に入った紙のクジに仕込まれた大吉を引き当てると、前もって申告した買い物レシート分が全額返金される。

業務開始前に、対象になるレシートの発行店舗が問題になった。全国各地に点在するモールの分が有効で入居している専門店も多くが対象になる。一方、同じIグループなのに対象にならない店も多く、ややこしい。全国の店舗すべてを網羅して確実に区別できる一覧表がない。困惑する我々に対し運営会社の社員は、「お客さんが『I社で買った』と申告したレシートは、知らない名前の店でもぜんぶ有効にして下さい」と投げやりな対応。

午前九時に業務開始。昨年一二月二六日からのレシートが有効だから、年末の買い物でためた何十枚ものレシートを持ってくる人もいる。煙草や商品券など対象にならない商品も多い。レシート一枚一枚、日付、金額とともにすべての品目を確認するので時間がかかる。抽選そのものを楽しむために来る人も多い。一人一回限りが原則だが、レシートがたくさんあって行列に並びなおせば何度でも抽選できる。ただし、一枚のレシートの額面がどんなに高額でも何回かに分けることはできない。家族や親戚など大勢で来られた場合、レシートを一人一人に振り分けて、誰が大吉を引き当てたらどのレシート分が対象になるかをあらかじめ決めておく。客の意向を確かめながらの手間のかかる作業だ。

福引にしては異常に複雑なせいか、昼頃から説明不足とのクレームが増えた。

「何度も並んでクジを引いている人がいる。そんなことができると私は教えてもらえなかった」

「レシートを家族で分けて抽選できるなんて知らなかった。クジをひけなかった子供がかわいそう。さっきのレシートでやらせてあげて」

「子供にクジを引かせるために煙草をまとめ買いしたのに対象外とはひどい」

午後には客が増えて二〇〇人ほどの行列になった。赤ん坊がむずかったり、子供同士ふざけあい母親に叩かれて大声で泣き出したり、行列のあちこちが騒がしい。

繰り返される監視役の無意味な指導

派遣労働者七人だけで何とか早く行列を解消しようと大忙しで対応する。イベント会社の女性たちはマニュアルを持って見ているだけ。彼女たちが我々と同じ労働をすれば行列は一気に解消されそうだが、一人も働こうとしない。

派遣労働者に対する監視役という立場を決めたら、状況がどうなろうと社員が手伝わないのは派遣労働現場の常だ。一方、監視役だから何か指導をしなければと考えるのか、私には入れ替わり立ち替わり何度も指導が入った。

「電卓を使って下さい。目の前にあるのに見えないの?」

自慢するつもりは毛頭ないが、たまたま私は珠算一級だ。三ケタや四ケタの伝票算ならパラパラめくる速さで暗算できる。お釣りを計算するような正確さは必要なく、アバウトに合計金額がわかればよいのだから電卓など必要ない。多人数へのレシートの振り分けも、伝票算では一連の金額をイメージで並べて記憶しているから、組み合わせのシミュレーションも頭の中で何通りか瞬時にできる。電卓など使うと計算の流れがいちいち断ち切られてしまい、はるかに長い時間がかかってしまうのだ。

指導を聞き流していたら、社員の誰かが言いつけたのか三〇代後半くらいのマツコ・デラックスのような迫力の女性管理職が登場し頭ごなしに怒鳴られた。

「おっさん、暗算だとか気取ってないで、規則だから電卓使えよ」

労働者の個性と能力を生かして……という厚生労働省のお題目がまことにむなしい「指導」だった。目の前にある電卓を使わない=マニュアルの規則を守らないという誰にでもわかりやすい「指導」をするだけの正社員。それこそ無駄である。

規則規則とうるさい割に、彼らの運営方針はおおざっぱで腰がすわっていなかった。オキテ破りの高額レシートの分割をしつこく主張する強面《こわもて》の男性客に私が対応していると、社員が急に割って入った。

「お客さま、いいですよ。五枚引いちゃって下さい」

ほかの客が見ているのに自ら指示したルールを簡単に破ってしまう。そのうえ、「あんたのせいでもめるのは嫌なんだからね。私が助けてあげたんだからね」と見当違いの説教を始める始末。強面ではないためにクジを引かせてもらえなかった多くの善良な客が気の毒だ。

踏みにじられた買い物客の夢

昼食休憩は四〇分ずつ交代でとる。抽選会場の目の前にはフードコートがあり、有名なラーメンや丼などを手軽に食べられるから楽しみにしていた。ところが、正月休みのショッピングセンターで背広姿はいかにも目立ち（誰が着せたんだ！）、スタッフだとわかってしまうから客の目につくところでの食事は禁止。広いフロアのはずれのバックヤードに社員食堂があると教えられたが、売り場の案内板には社員食堂など書かれていない。店員にルートを聞くも知らない人が多い。

一〇分ほどかかってようやくたどりついた。自動販売機に一〇〇〇円札を入れようとしたらお札が吸い込まれない。周りには人がぜんぜんいない。おかしいなと思って厨房に声をかけたら、営業開始は三〇分も先だという。ちょうど私の休憩時間が終わる頃だ。昼食はあきらめ薄いお茶だけ飲ませてもらった。

午後三時頃になると行列の人数がますます増える一方、クジが枯渇してきた。クジがなくなれば抽選は終了だが、客には事前告知していない。四時前に行列を断ち切ってそれ以上並ばせないようにした。それからが厄介だった。閉店時間まで抽選が行われると信じていた客が続々とやってくる。

「前もって言ってないじゃないか!」とはもっともな抗議。明日もやってますよと言うと、「明日は朝から旅行に行くから来れない!」。不公平だが、ないものはないので怒る客もあきらめるしかない。金と手間をかけて客の不興を買うキャンペーンとはいったい何なのか。

運営会社が告知しなかったのは、混雑を避けたからだ。事前の打ち合わせでは行列が長くなり安全管理に支障が出ることをしきりに恐れていた。いつ行ってもクジは引けると安心させておけば、客は集中せず自分たちは楽になる。抽選を「三が日の最後のお楽しみ」

とわくわくしていた客の夢を踏みにじってもかまわない。自分たちの都合のほうが大事だ。

そのご都合主義に我々派遣労働者の権利も踏みにじられた。午後四時三〇分、現場の片付けが終わると現場責任者が言った。

「じゃあ、これで帰って下さい。勤務時間は一六時半までです」

わけがわからない。労働契約の就業時間は一八時一五分までのはずなのに……。

無知な派遣先責任者との攻防

イベント会社の本社からの指示とのことだが、彼らは我々の雇用主ではない。雇用主であるある人材派遣会社のJ社からは何の連絡もない。女性の一人がおずおずと尋ねた。

「勤務は一八時一五分までと指示されて来ました」

「見たらわかるでしょ。もう仕事はないからお帰り下さい」

イベントが早く終わったのをいいことに賃金を減らすという。言語道断な違法行為だ。正社員の月給にたとえればわかりやすいだろう。

「今月は仕事が少なく二〇日で終わったから、基本給を一〇日分減らす」

そんなことが通るだろうか。派遣労働者も同じだ。派遣先の都合で派遣就労が終業時刻より早く終わりそれ以降の派遣就業を打ち切られた場合、派遣元は、少なくとも、残りの時間分の休業手当分の賃金を支払わなければならない。大手小売企業I社の取引先にしてはお粗末な対応だ。

「いや、それはおかしいですよ」

「早く帰らせてあげるのに何でみんなで文句言うの？」

「だからその考え方がおかしいんです」

「何で？　仕事が早く終わったから早く帰れる。勤務時間は仕事をした時間だから時給は仕事が終わった時間まで。おれ、当たり前のことしか言ってないよな。おかしいのはおまえだよ。馬鹿なの？」

「あなたは労働法の基本も知らないんですか。労働契約は雇用者側が一方的に破ってはいけないものですし、そもそも我々派遣労働者はあなたの会社とは雇用関係になく、労働契約は人材派遣会社との間で交わしており、あなたから業務内容の指導は受けても、労働契約上の勤務時間や待遇については我々と派遣会社との間で……」

「うるせえな。おまえ、生意気。何様だと思ってんだ。派遣のクズが……早く帰れよ」

「今のは明らかに差別発言ですね。言葉に気をつけて下さい」

「もういいから、とにかく帰れ。もう来るなよ。てめえみてえなじじい、いらねえから」

「じじいだろうがばばあだろうが、我々には一八時一五分まで労働する権利があります。労働者の正当な権利を守ってください。あなたが現場責任者だというなら、あなたが我々を守らなければなりません」

「気持ち悪いな。仕事はもう終わりなんだからしょうがねえだろ」

「そんなことを我々に言うのは筋違いです。人員の配置や仕事の段取りはそちらさまがお決めになったことです。派遣のクズには何ら責任はありません」

「おまえなあ……どうしても最後までいるのかよ」

「労働契約を守って下さい」

強要、脅迫、監禁

「だったら花壇の草むしりでもするか」

「それもたいへんな契約違反です。派遣労働者にあらかじめ提示した業務内容以外の労働を強要するのは違法です。我々が労基署に申告すればただじゃすみませんよ」

「おまえだってただじゃすまねえぞ。こうやって俺にけんかしかけて、お客さまに迷惑かけて、お店に迷惑をかけてんだ、おまえは」

「我々の権利を侵害してけんかをしかけたのはあなたのほうです。派遣労働者を管理する立場の人間として……」

「もういい、もういい、だったら何もやらせねえよ。一八時一五分まで通用口の脇の倉庫に何もしないで立っててもらうことにする。寒いけどな」

私は心底、驚いた。しばし口がきけなかった。労働基準法五条に強制労働の禁止という人権保障規定の中でも最重要の項目がある。使用者は暴行、脅迫、監禁その他、精神、身体の自由を不当に拘束する手段により労働者の意思に反して強制してはならない。だが、このケースは労基法以前の問題だ。我々はこのイベント会社とは雇用関係にない。業務についての指導は受けるが、すでにその業務は終了している。もう何の関係もないにもかかわらず、優越的立場を濫用して違法な就業時間のカットを強要した。「倉庫に立ってろ。何もさせない」というセリフは、強要、脅迫、監禁という、れっきとした犯罪である。街中でチンピラに恫喝されビルの一室に連れ込まれる事件と同じレベルだ。

責任者は我々を一階へと連行する。このままでは本当に警察に来てもらうしかない。だが、幸か不幸か、直後に事態は一変した。売り場での騒ぎを聞きつけたI社側から責任者に叱責の電話がかかり、彼はあたふたと姿を消した。我々には人材派遣J社の当直の社員から電話がかかった。責任者とのやり取りに集中していて気がつかなかったが、六回の着信履歴がたまっていた。イベント会社からの報告を聞いてびっくり仰天したのだろう。

「みなさんすぐに帰宅して結構です。賃金は予定通りお支払いします」

「でも、現場の責任者が何もしないで倉庫に立ってろと……」

「そんな指示はなしです、なし。絶対にありません」

「私、派遣のクズとか馬鹿とか言われたんだけど」

「それもなしです。お願いだから帰宅して下さい」

労働者の救済要請を無視

この巨大モールIの正月イベント最大の目玉は、福引きよりも広場で行われる「アンパンマンショー」だった。暴言を吐いた責任者の本来の業務がショーの仕込みだった。アンパンマンはお腹を空かせた気の毒な人々にアンパンでできた自分の顔をちぎって食べさせる弱者の見方である。そのショーを仕切ってアンパンマンを動かす男は、派遣労働者のわずかな賃金を取り上げる無法者……笑うに笑えないブラックユーモアだ。

翌日の勤務を私は辞退した。会社ぐるみのいじめがエスカレートすることは目に見えていた。人材派遣のJ社には電話やメールで疑問を呈した。

「なぜ労働法の最低限の知識すらない人物が派遣先の責任者なのか。明らかな労働者派遣法違反ではないか」

「インフルエンザ防止のためマスクが必要とわかっていながら、なぜ派遣には支給されないのか」

「福引きについての派遣先の業務指示が終始混乱していたが、派遣元はその状況を知らなかったのか。人材派遣会社の義務である現場の巡回を行ったのか」

「違法な派遣先でパワハラを受ける恐れがあるので今日は現場に行けない。その分の賃金を補償してくれるのか」

「駅からの移動時間で嘘をついたのはなぜか。我々はバス代および集合時間からの時給を受け取る権利があるが、なぜ払わないのか」

派遣会社から返答はなく求人メールも来なくなり、いっさい連絡を断たれた。私はあっさり切り捨てられてしまったのである。そしてこの件には、もっと信じられない結末があった。二〇日後に人材派遣会社から振り込まれた給与。労働契約書通りなら一二〇〇〇円以上のはずなのに二〇〇〇円以上も低かった。

結局、不当な扱いを受けた派遣労働者がいくら抵抗しても無力なのだ。人材派遣会社は派遣労働者の賃金を自由にカットし、労働者を騙して捨てる。人材派遣なるものの悪質さ、ここに極まれり、である。

奴隷派遣は本当にお得なのか？

派遣労働の現場を取材すると、派遣労働者のスキルと業務とのミスマッチによる無駄がかなり多く見られた。たとえば宅配便業界での荷物の仕分け作業。集配センターで送り先別のカゴテナーに荷物を積む光景をCMなどでご覧になったことがあるだろう。何も考えずに積み上げているように見えるが、どうしてどうしてさまざまなノウハウやコツが必要で、個人の力量によって結果がぜんぜん違うのだ。

まず、素人は奥から積み重ねていくが、意外なことに経験のあるプロパー社員はまず手前から積む。奥から荷物を積んでいくと、一番手前に積んだ荷物がサイズによってはカゴテナーの床からはみだしてしまう。すると移動させる際のモーメントで荷物の塔が不安定になってしまい素早く動かせない。あらかじめ手前下方の一段目の荷物をカゴテナーの床の端にそろえて、それに合わせて他の荷物を奥に向かって積めば安定するので移動が楽になり崩れることもない。

また、カゴテナーの真ん中にあらかじめ小さなスペースを開けておく。宅配便の場合、荷物の大きさはふぞろいで非常に小さな荷物も必ず混じる。それを大きな荷物の塔の間に重ねると塔全体が不安定になってしまう。そのため小荷物だけで独立した塔を作るのだが、端に置くと小荷物だけにひょろっとした塔になって不安定だ。倒れないようにするには小荷物塔は中心に置いてまわりを大きな荷物の安定した塔で囲めばよい。さらに、荷物の微妙な硬さの違いや、きっちりした箱型か、膨らんで少し丸みを帯びているか等々、形態の違いを加味して積む技も熟練者にはそれぞれ独自のやり方があるという。

派遣労働者として大手宅配便の仕分けを経験した人の話では、彼が荷物を積んだカゴテナーを見たプロパー社員は、ものも言わずにその荷を降ろし始め自分で一から積んだという。低賃金の短期派遣労働者をできるだけ便利に使いたい会社の思惑とは裏腹に、現場のやり手社員は素人の派遣労働者をまったくあてにしていないのだった。

熟練者と素人の差

清掃作業でも、たとえば床磨きのワックスの使用量は熟練者と素人とでは一〇倍も差があるという。熟練者はごく少量を薄く延ばして使う。そのほうが早く乾いて作業が早く終わり仕上がりも美しい。素人がやるといつまでもべちゃべちゃで作業が終わらない。

キッチンに大理石が使われている場合、きれいにしようと漫然と高温の飽和蒸気をあてていると変色してしまう。大理石は一見安定していそうだが、熱と水で化学組成が変わってしまうのだ。お酢でも変色する。素人がやると思わぬ損害が生じてしまう。

また、駐車違反対策のため助手席に座る配送助手を派遣で務めた男性が苦い経験を語ってくれた。郊外の国道を走っていたところ雪が降り出し、みるみる積もってきたのでタイヤにチェーンを装着することになった。トラックの業務用のチェーンは頑丈な鎖でできた昔ながらのタイプが多く、素人にはどこをどうつなげばいいのかわからない。だいいちチェーン装着は彼の派遣労働者として従事すべき業務内容に含まれていないから手伝うよう求めること自体が違法なのだが、危急の状況とあって彼は手伝うことにした。

ところが、彼がよくわからないままにタイヤの表側のチェーンをつないだところ、つなぎ方を誤ったために全体が歪んだままガッチリ固まってしまった。そのまま走るとチェーンの一点に負荷がかかって切れてしまう。ドライバーはプリプリしながら彼に助手席に戻るよう指示。一人でチェーンを装着し直そうとしたが外すのに時間がかかり、そのうちスリップしてきた乗用車とトラックの間にはさまれてけがをしてしまったという。もし、助手がその日初めて運送会社にやってきた派遣労働者ではなく、トラックに慣れた社員だったら事故は起こらなかっただろう。

無責任体質

引越しや事務所移転では経験者だけの場合と、初心者が混じっている場合とでは作業の効率や所要時間に大差がつく。壁や床の養生からして初心者は要領がわからないから機動的に動けない。緩衝材とテープを持ったまま派遣労働者はおろおろしてしまう。少数の熟練者が混じっていれば能率はよくなると思うだろうが間違いだ。派遣労働の現場ではかえって悪くなる。

熟練者が経験を生かしたところで賃金水準には反映されない。派遣は一律だからだ。どうせ初心者と同じ時給なら頑張って早く終わらせるより、適当にサボって就業時間を引き延ばして残業手当をもらったほうがいい。二時間も三時間も残業すれば、違法な人材派遣会社でも踏み倒すのは難しい。サボったほうが賃金が増えるのだから熟練者ほどモラルハザードに陥ってしまう。

人材派遣会社はえてして、めんどうなことが嫌いなようだ。熟練者を評価し待遇に差をつけるとなると事務手続きが煩雑になり、自分たちの負担が増すからそこは手をつけない。現場での残業が増えても、それは派遣先も確認しているから堂々と手当を請求できる。残業手当にもピンはねは及ぶから人材派遣会社の儲けは減るどころか増えるので、手抜き熟練者も人材派遣会社もめでたしめでたし。作業能率が悪くなって人件費が増えた派遣先はいい面の皮である。

こうしたおよそ一般企業の経営ではありえない不誠実な判断に至ってしまうのは、人材派遣が根本的に人材派遣会社と派遣先企業との間で責任の所在がふらつく制度だからだ。

派遣先での業務が「契約とは違った」などの派遣労働者の苦情を聞いてくれるのは誰なのか。労働者派遣法三六条と四一条では、派遣元責任者および派遣先責任者が苦情の処理にあたると規定している。つまり責任者がどちらか決められていないので、どちらも無視しているのが実状だ。職場での安全確保については派遣先が安全管理責任を負う。だが、もし事故が起こった場合には、派遣先ではなく、人材派遣会社と労働者が労災保険の給付を請求し、派遣先に損害賠償を請求する。ただし、労働基準監督署に報告する役割は派遣先である。権利と義務、利害関係が錯綜しているため、実際には派遣労働者を泣き寝入りさせる「労災事故隠し」が横行しているという。

では労働者の作業能率の良否はどちらの責任なのか。人材派遣会社は派遣労働者の雇用主だから彼らの働き方に一定の責任がある。一方、現場で派遣労働者に仕事の手順を指示する責任は派遣先にある。労働者が熱心に働かなかった場合、責任はいったいどちらにあるのか、結論を出すのは難しい。人材派遣会社から「労働者をご所望の人数ちゃんと派遣した時点で私らの業務は終わりました。現場で私どもが指導するのはルール違反で、采配するのはおたくさま。現場できちんと指導すれば短時間で処理できたはずですよね」と主張されれば派遣先企業は反論しにくいだろう。

派遣労働者が真面目に働くかサボるかは派遣先企業にとって経営に影響する大問題だ

が、人材派遣会社の儲けには影響しない。人材派遣ビジネスはその基本構造からして無責任体質である。荷物仕分けやビル清掃、運送助手の派遣求人は多い。派遣先企業は業務量を予測して人数を調整し、それが最も効率的だと信じているかもしれない。

だが、その日限り、あるいは短期派遣の素人労働者を従事させた場合、派遣労働者の労働効率はどうなのか？　企業利益は本当に増えたのか？　そんな観点での実態調査が必要ではないか。

人材派遣活用のリスク

人材派遣会社を活用した事業委託には落とし穴もある。「はじめに」で紹介した世論調査が行われていた現場には、大手メディアの社員は一人も来ていなかった。そのメディアは関連企業のK社に丸投げし、K社はL社というコールセンター運営会社に丸投げし、L社は大手人材派遣M社等に労働者集めを依頼、全体の業務の仕切りはL社と人材派遣数社の社員らが行った。

発注者から末端の労働現場までの間に何社か介在すると、労働現場の違法な雇用実態が、最初に業務発注を起こした企業には伝わらない。孫請けへの丸投げだから業務手順や労働者管理体制などはL社とM社との間で、受注予算からいかに多くの利益を確保するかを最大の眼目として決められただろう。発注元企業が世間体をおもんぱかって労働コンプライアンスを重視していたとしても、丸投げされた人材派遣会社の営利方針とは矛盾する。労働者の賃金と待遇を切り下げれば切り下げるほど予算があまり、その分が人材派遣会社の利益になるのだから。その結果、最初の発注元がブラック企業と呼ばれてしまう。

横浜市も「ブラック自治体」などと中高年労働者の間で噂になってしまったのはたいへん不本意だろう。横浜市観光局など市の職員も加わった任意団体が実施した事業だが、人材派遣会社からの虚偽文書を素直に信じてしまい、実際に業務を行っている現場の派遣労働者と接触すらしなかったのはあまりに脇が甘すぎた。常に現場にいたのは事業を受注したイベント会社であり人材派遣会社だった。中高年に忌避されて人集めがうまくいかなくなっても、状況を改善しようという知恵のかけらもなく「お助け下さい」というメールを一日に何通も乱発した。

こうした一連の残念な行為すべてが横浜市のイメージに重なった。いかに財政難とはいえ、このような運営が横浜市の実力だとは思えない。

司法研修所での失態は論じるまでもない。司法研修所の卒業試験は重大イベントであるにもかかわらず、責任感が希薄な人材派遣会社に丸投げした結果、公正性が保たれなかった。司法修習生が最高裁に抗議すれば試験のやり直しが必要になったかもしれない。最高裁の権威は地に落ちてしまっただろう。

人材派遣会社による奴隷派遣の安易な活用は、大きなムダを生んでいる可能性が高く、知らないうちに派遣先が悪評にまみれるリスクもはらんでいる。

人材派遣会社に頼ったら事業が行き詰まった

二〇一五年一月二六日付朝日新聞朝刊の企画記事「報われぬ国」第3部「療養不安」によると、人材派遣会社に頼ったがためにかえって人手不足に陥り、施設の維持もできなくなって同業者に買収されてしまった会社があるという。その会社は名古屋市でグループホームなどの介護施設を運営していたが、ご多分にもれず職員が足りなくなってしまった。あるグループホームでは一八室のうち半数の九室を閉鎖せざるをえなかった。

元々介護業界は正社員でも仕事がきつく低賃金と言われてきた。二〇一四年末の予算編成で政府が「介護職員の給与を増やした介護施設は補助金等で優遇する」と決めたのも、待遇が劣悪なため介護職員がますます不足するという事態になっていたからだ。この会社では給料が安い上に、支給額を決める仕組みも不透明で社員に不信感をもたれていた。そのため辞める社員が相次いで運営が難しくなったため、人材派遣会社から労働者を派遣してもらったところ、人材派遣会社に払う一人分の派遣料はプロパー職員の一・五倍に膨らんでしまった。

それを知るや正社員の不満が一気に高まってさらに離職に拍車がかかり、派遣労働者が半分を占めて大赤字になり組織が壊れてしまった。

この会社を買収した大阪市の有料老人ホーム運営「ケア21」によると、買収後に給与体系を大幅に見直した。給料を八段階にして職員の仕事ぶりや能力に応じて段階が割り振られ、昇給の仕組みも公表して透明性を高めた。さらに新たに資格手当も設け、介護福祉士の資格を持つ職員には月に一万五〇〇〇円が上乗せされるようになった。この結果、最高で年収が従前より六六万円と大幅アップした職員を最高に、平均でも年収は三〇万円ほどアップしたという。ピンはね分が加算された割高な派遣労働者の受け入れをやめたことで、会社が負担する人件費は増えるどころか減った。職員の離職はほとんどなくなり新人採用もすんなり進んだため、閉鎖していた部屋を稼動させることができた。

ケア21の依田平社長は、「人件費の割合が高い介護事業では人件費を下げたくなる。だが、人を大切にしない会社には人が集まらず、結局はうまく回らなくなる」と語ったという。外注と人材派遣を切り札とあがめる企業幹部にはぜひ心に留《と》めてほしい言葉だ。

二〇一四年一月二一日、東京地裁でのある裁判が話題になった。原告は東京都足立区の区民一三九二人。訴えられたのは足立区の近藤弥生区長だ。訴状によれば、足立区が戸籍取り扱い業務を民間事業者に委託したのは、プライバシーの侵害で憲法に違反するとして、業者との契約差し止めや契約済みの委託費用約三億八〇〇〇万円を区に賠償することなどを求めている。住民側は「戸籍取り扱いの民間委託は個人情報保護を重視して改正された戸籍法に違反する」と主張している。さらに業務の民間委託は実態として合理化になっておらず、待ち時間が増えてサービスが低下する一方、コストは年間で一二〇〇万円増えたと主張している。

何でもかんでもアウトソーシングという流れが日本社会のあらゆる団体、企業にすっかり浸透してしまったが、安易なアウトソーシング、人材派遣の利用は見直すべきではないか。

カタカナ肩書き乱発のハレーション

派遣労働者を使うようになった会社の中には、導入のきっかけがコンサルタントの助言を受けての合理化や組織改革だったケースが少なくない。突然のドラスティックな合理化は、それまで静穏だった職場にハレーションを起こしがちだ。組織改革もほどほどにしないと人間関係がぎくしゃくするようになり、かえって効率が悪くなることもある。そんなことを考えさせられた現場の例。

派遣労働者として食品会社の仕分け作業に行ったところ、現場の指揮命令系統が混乱していた。まず正規社員の課長が現場の「チーフ」で、彼よりはるかに年齢が上の「チーフ・アドバイザー」がいて、どちらが偉いのかわからない。課長の下の係長は「アシスタント・チーフ」だった。この会社、よほどチーフという肩書きが好きらしい。その下の若手正社員は「アドバイザー」と「アシスタント」に分かれていた。両者の役割がどう違うのかはわからない。契約社員でメカの専門家の「テクニカル・アドバイザー」は理解できるとして、直接雇用アルバイトの「スタッフ」と「シーズン・スタッフ」もややこしい。所属する部署によってアルバイトの時給に差があると後で知った。

派遣労働者は手順を一から教えてもらえないと仕事ができない。しかしそれぞれのカタカナの肩書きの意味がわからず、誰にきいたらいいかわからない。若手のアドバイザーが一番それらしい肩書きだったが、この部署に配属直後とのことで頼りにならなかった。テクニカル・アドバイザーには当然のことながら「機械のこと以外、知らない」と一蹴された。一番年上のチーフ・アドバイザーは何かよほどの不満があるのか終始ふてくされていて答えてくれず、まるで業務が滞るのを期待しているかのようだった。

何とかまともに疑問に答えてくれたのがアルバイトの「スタッフ」と「シーズン・スタ

ッフ」だが、お互いに相手のミスを指摘していがみ合い、ささいなことで口論を始めてしまう。彼らはともに正社員への昇格の可能性を会社から示唆されていて、どちらが先に採用されるか競っているという。こうしたニンジンのぶら下げ方は本当にスタッフのやる気を高めるのだろうか。今にも殴り合いが始まりそうなとげとげしい関係が恐かった。

時々しか顔を出さないチーフ以外、ほとんどのスタッフが感情むき出しで、超リアルな企業ドラマを見ているようだった。現場がこんなに荒れていては、こちらもやる気は失せ、「終業時間までほどほどにやってればいいや」という気になってしまう。

コンサルティング会社のアドバイスに応じて人事制度を見直し、カタカナ名の役職を増やす。そんな表面的な組織改革が本当に効果的なのか。日雇い派遣労働者という最下層の位置から職場を見上げると、そんな会社に限って多くの社員が熱意をなくし、ただつっ立っているようにしか見えない。

イベントでの日雇い派遣は業務上横領?

私はテレビ局の社員だった時代にさまざまなイベントの運営に関わってきた。その経験から見ると、人材派遣会社がからむ大きなイベントの運営は不透明で不思議な点が多々ある。はっきり言えば、安価な派遣労働者を使った経費の虚偽請求、背任、業務上横領が行われているのではないか。

大規模な学会や展示会では、場面に応じて専門的な技量を持ったスタッフをそろえるのが普通だ。講師が講演を行う会場では司会役のナレーターを立てる。小学校の学芸会ではないのだから、進行の案内がよく聞き取れないのでは聴衆をいらいらさせてしまう。また正確な標準語をしゃべってもらわないと、それを聞いて外国語に訳す通訳も困ってしまう。

ナレーターは専門のアナウンス・プロダクションを通してキャスティングすると、一人あたり一日に五万円ほどの費用がかかる。外国人対応の受付やガイドはプロの通訳とまではいかなくとも、TOEIC七〇〇点以上などの資格を持つ「英語にそこそこ堪能な人」を充てる。こちらは少なくとも時給二〇〇〇円以上。その他、イベントのテーマや演し物《だしもの》によっては照明さんや大道具さんなどの専門スタッフが必要なこともあるだろう。こちらも日当として三万円程度は見ておかなければならない。

ところが近年、イベント会場で専門スタッフを見かけることが少なくなった。ほとんどが時給一〇〇〇円前後の派遣労働者なのである。東京ビッグサイトで開かれたある講演会場で、いわゆる陰アナを務めていた女性たちはいずれも派遣で、ナレーションの経験がまったくない普通の主婦だった。当日、受付程度の軽い仕事のつもりで会場に来たら、いきなりマイクと原稿をわたされてとまどったという。少々地方なまりがあるし、とちるのは恥ずかしいからとても自分には無理だと思い、会場責任者に「他の方にしてもらって下さい」と頼んだ。ところが、「日本語がしゃべれれば誰でもいいんだよ」と言われたという。

もし、ギャラの高いナレーターを雇ったことにしてその分の高額な経費を主催者に請求し、実際は時給一〇〇〇円の派遣労働者で代用していたとしたら……それによって不当に得られた利益はイベント全体では相当な額にのぼるだろう。イベントにスタッフとして参加すると、人材派遣会社名を名乗ってはいけないと厳命されるのが常だ。会場の通用口で名乗る時からイベント運営会社の名前を申告する。守衛に前もってわたされている名簿にも、運営会社の名前しか書かれていない。

考えてみればおかしな話だ。自分たちはイベント運営会社とは何の関係もない。身分を詐称してまで、なぜ人材派遣会社の存在を消さねばならないのか。しかも身分について箝口令を敷く関係者のこだわりは何を意味するのか。私の想定が正しければ、人材派遣会社を使った巧妙な業務上横領であり、多くのイベントで行われている可能性がある。

イベント主催者は会場のナレーションにしばし耳を傾けたほうがいい。何度もとちるようなら、その人は素人の派遣労働者かもしれない。そこから運営会社の不正も明らかになるだろう。

除夜の鐘が鳴る頃、てんやわんやの大騒ぎ

年末年始は一年の中で派遣労働者が最も活躍する時期だ。正月休みくらいはのんびりさせてほしいと思うのが日本人のマインドなので、普段、シフト勤務についている正社員、契約社員、プロパーのアルバイトの多くが休みをとってしまう。年に一度のことだから、さすがに会社側も「休むな」とは言えない。しかし、出勤する従業員が減ったからといって、通常通りの業務を遂行しなければいけない業種は多い。運輸、通信、外食、小売、通販、医療等々。

欠員を補充するには人材派遣会社に依頼するのが簡単だ。電話一本で人数を伝えれば希望する時間に来てくれて、希望する時間に帰ってくれる。そんなお手軽さが通用するのはよほど業務が簡単な場合だけだ。除夜の鐘が鳴る頃には混乱してしまう現場が多いという。とはいえ、年に一度だけのことだから、懲りることなく次の年にはまたドタバタを繰り返す。

雑貨、DVD、書籍、サプリメントなど、取り扱いに注意を要する商品ばかり扱うある大規模小売チェーンでは、倉庫でのピッキング要員を確保するため大晦日に人材派遣会社三社に依頼して人を集めた。夜八時頃、神奈川県の私鉄沿線のとある駅前スーパーに集ま

った派遣労働者は総勢六〇人を数えた。年齢は二〇歳から六五歳までばらばらだが、多くは中高年。派遣の集合場所は駅近の目立つ建物を指定されることが多い。店仕舞いの片付けに忙殺されていた駅前スーパーは一年の締めくくりの高揚感に包まれていた。そんな中、ぽつりぽつりと現れた中高年の男女が夜八時を過ぎると大集団になり、全員が無言で自分たちの作業を見つめている。女性従業員は何事が起こったのかと緊張し店舗の奥に走った。

間もなく、早くも一杯やってご機嫌になっていたらしい赤ら顔を引きつらせた店長が、着替え途中らしい服装ばらばらな男性従業員数人を連れて、あわてて出て来た。

「うちの店で何か問題でもありましたでしょうか?」

たまたまここが待ち合わせ場所になっただけですと頭を下げる。店長は憮然とした表情。

「お客さまの迷惑になるから、次からうちの店はやめてくれんかね」

ごもっともである。

若者と中高年との格差

集まった派遣労働者の中で目立っていたのは、最近まで国家公務員として中央官庁の入札業務に従事し、役所内の調整や民間業者への対応に追われて過労死寸前で退職したという二七歳の男性と、芸能事務所に所属しコントのライブを定期的に開いているという二五歳前後の若者三人だった。芸人の明るさと何気ない関西弁の会話が中高年たちを笑わせ和ませていた。大晦日は毎年、渋谷に繰り出して酒を飲んで騒ぐだけだったが、来年はメジャーデビューを目指す正念場の年と位置づけ気合を入れ、酒はしばらく断つことにしてこの日の昼間に派遣の仕事を申し込んだという。日雇い派遣の現場に集う人々はさまざまで、最近までエリートと呼ばれていた人や、これからエリートと呼ばれるかもしれないユニークな人々に出会うこともある。

ピッキング職場でどぎつい色彩のオタク系エロ漫画を手に、即興でコントを披露する若手お笑い芸人たちの屈託のない様子を見ていると、私はこの取材の全期間を通じてたった一度だけだが、人材派遣を肯定的に捉えるほうに気持ちが揺れた。彼らにとっては手軽に申し込めて仲間とともにさまざまな業界を見聞できてお金を稼げる。「職場でコントのネタが浮かぶことはしょっちゅうです」と言っていた。元国家公務員の男性にしても時間に追われることなく重い責任もない立場で、広い視野で世間の諸事情を見ることができる。それは彼が今後どんな道を選ぶにしても有意義な経験だろう。

そう考えると、次の飛躍までのつなぎとして人材派遣が役に立っていると思えないこともない。

だが、それは彼ら若者たちに無限大の夢と可能性に満ちた未来があるからこそだ。中高年には未来がないとまでは言わないが、可能性は極めて限られる。人材派遣会社による賃金のピンはねは厳然とした事実であり、奴隷労働が横行していることを忘れてはならない。社会からあまり必要とされず、未来にそうそう夢を持てない中高年にとっては死ぬまで続く不当な搾取の場でしかない。この事業所の時給は九〇〇円で交通費の支給はなく決して良い条件ではない。だが、年末年始の夜勤となると深夜割り増しがつく上に二〇〇〇円の正月手当がつく。夜九時から翌朝の六時まで働いて総額一万八〇〇〇円ほどになるから、普段七〇〇〇円程度の日給に甘んじている派遣労働者にとってはまあまあ魅力的だ。

駅から事業所までは徒歩。工場や倉庫はたいがい幹線道路の走る郊外にある。四〇分も歩いて事業所についたら、その会社のマーク入りの通勤用の大型バスが薄暗い敷地内に止まっていた。

意気消沈する派遣先責任者

この日、六〇人の派遣労働者に対して会社側のスタッフはプロパーのバイトを含めてもわずか五人。夜勤スタッフがどうしても集まらず、派遣労働者の中にも経験者がいるだろ

う と期待して思い切って派遣を増やしたそうだが、これは完全に裏目に出た。

ふたを開けてみれば六〇人のうち経験があると手を上げた人は三人しかいなかった。在庫品の数や保管場所を記録する端末機器の操作法すらほとんどが知らない。しかも、倉庫は三層に分かれそれぞれが高校の体育館ほどの広さがある。会社側の五人だけで全域に目が届くはずもない。

一応分担を決めて作業を定時に開始したものの、誰もが自分の扱う物がどこにあるかわからず右往左往。書籍棚に本を縦に置くべきところを横に置いたため、最後のどん詰まりでスペースが足りないことがわかって、約五〇メートル分すべてやり直しになった。

フィギュア・オタクにはうれしいおまけ付きのアニメDVDだが、DVDにおまけが付いてるなんてつゆ知らない中高年が、すべておまけなしでダンボール箱に収めてしまい、およそ五〇箱分をこれまたやり直し。ついにはピッキングの要である「注文伝票の束」が行方不明になるという超ド級のトラブル発生。作業を中止して全員で探し回る羽目になった。見つからなければ、この会社は正月休み返上になるところだったが、ボケていたのか眠かったのか、派遣中高年の一人が空きダンボール箱の一つを仮置き場にしたことを失念していたと判明、無事見つかって一件落着。

こうした状況を見ていた現場責任者は意気消沈したような顔で早めの休憩を宣言した。

休憩が明けると、「もう業務はいいです。レクチャーの時間にしましょう」と予想もしない指示。このままドタバタを続けても事故になりかねないと見切ったらしい。

「今回はうちの業務を少しでも覚えてもらって、いつかまたご縁がありましたら助けてもらえればと思います」と、とても謙虚な責任者。

大晦日の夜は、仕事に来たのか研修に来たのかわからなくなってしまった。もちろんピッキングにつきものの「あおり」などない。我々はお正月にふさわしく和気あいあいと心穏やかに歓談し、温かい缶コーヒーを飲みながら倉庫の高窓から差し込む初日の出を拝むことができた。

企業の稼ぐ力を削ぐ無責任人事

私が派遣労働者として派遣先責任者に共感できたのはこのとき一度きりだ。初対面の派遣労働者に親しく対等の位置で語りかける責任者などめったにいない。温厚で常識をわきまえた彼は責任者の絶滅危惧種ではないかと私は心配している。

それはともかくとして、人材派遣が、労働行政が掲げる理想通りに行われているなら、大晦日のドタバタのような時間と人件費の浪費はありえない。派遣先企業が求める人材をあらかじめ通知して、適当な労働者を派遣してもらえばいいことだ。

だが、派遣労働者の選定は派遣元の業務である。このため派遣先は人選に関与できない。「こんな作業を知ってる人」というアバウトな指示でさえ個人差別につながるから要望できず、まったく不適当な人が来ることを阻止できない。常にひと山いくらで送られてくるから派遣先は苦労する。

ある人材派遣会社の社員によると、派遣先の弁当仕出し会社が、「弁当を扱ったことのないおっさんばかりで、ぜんぜん役に立たなかったじゃないか」とクレームをつけてきたことがあったという。クライアントに対してはいつも卑屈な人材派遣会社の幹部が、このときばかりは強気に反論した。

「では経験の深い有能な人を慎重に選んでお送りしましょうか。ですが、その選出には時間と経費がかかり、ベテランに無理を言って出勤を依頼すると賃金も高くなりますよ。どんな人間でもいいと送っているからこの額で済んでいるんです。どちらにしますか？」

このコメントは実はハッタリだ。ほとんどの人材派遣会社は手間のかかる人材管理ができる体制など、はなから構築していない。派遣先にとってはどんな理由があろうとコスト増は受け入れがたい。結局、両者の思惑は一致して単なる員数合わせが繰り返されることになる。派遣先にとって人材派遣は結果がどう出るかわからない丁半ばくち同然だが、人事がばくちでいいのだろうか。

個々の労働者の力量を把握して効果的に活用する人事力は企業の盛衰を左右する。「人材派遣によるタイムリーな労働力の有効活用で人件費削減」という人材派遣会社のキャッチフレーズはもっともらしいが、実は「適材適所の最低限の業務すら放棄した無責任人事」であり、仮に人件費を削減できたとしても、同時に企業の「稼ぐ力」も削減されている。

第四章　悪質な人材派遣会社を一掃せよ

——「もう仕事紹介してもらえないよ。かわいそう」

拡大する一方の非正規労働者

人材派遣の拡大は正規社員の居場所を減らす。正規社員の地位を失った労働者も人材派遣に頼らざるを得ず、人材派遣が規制緩和される以前であれば普通の生活を営めたはずの多くの労働者が貧困化し、砂が水中で沈殿するように日本社会の底辺にかたまっていく。その反面、身軽になった派遣先企業と、労働者を派遣すれば確実にマージンが入る人材派遣会社はいずれも利益が増える。

二〇一四年一二月の総選挙に際しての演説で、安倍首相は「雇用を一〇〇万人増やした」と誇らしげに語った。総務省統計局によると、第二次安倍政権が発足する前の二〇一二年七〜九月期から一四年七〜九月期で、役員を除く雇用者は全体で一〇一万人増えた。だが、その中身はとなると、雇用者数を押し上げたのは一二三万人増えた非正規雇用だった。正規社員は逆に二二万人減っている。

毎月発表されている総務省の労働力調査でも、アルバイト、パート、派遣社員などの非正規社員は二〇一四年一一月の調査で初めて二〇〇〇万人を超え二〇一二万人になった。二〇一四年の一年間だけでも四九万人増えている。

役員を除く雇用者五三〇八万人に占める非正規社員の割合は三八パーセントに達する。

このうち中高年は四五〜五四歳が一年間で一二万人増えて三八七万人である。さらに高齢の非正規社員が増えており、六五歳以上では男性が一六万人増の一四一万人、女性が八万人増の一〇六万人。定年退職後に再就職できず、非正規社員になっている。

企業はなぜ中高年を常勤採用しないのか? その原因の一つは、一定の業務が継続していてどう考えても常勤労働者によるローテーションが適当と思えるような職場でも、その企業に人材派遣会社が食い込んだからには、いつまでも日雇い派遣御用達にしてしまうからだ。その実例を次項でご紹介する。

週五日終夜勤務

人材派遣会社はときにとんでもない働き方を中高年に課す。五七歳の一人暮らしの女性Nさんの場合、以前は都内の食品卸会社で総務部や厚生部の事務員として勤務していた。比較的社員を大事にする会社で定年退職は六五歳、さらに七〇歳まで契約制で雇用されることになっており、一人暮らしでも老後の心配は特にしていなかった。

だが、長年の赤字経営に加えて二〇一三年からの円安による急激な原料費と包装材の価格上昇で止めを刺され、幹部ではないNさんは真っ先にリストラの対象とされた。同じくらいの規模の会社で契約社員にと希望したが、総務や厚生など企業の収益に直接関わらない管理部門を外注する企業が増えたこともあって求人そのものが少なく、契約社員としての再就職口は見つからなかった。

金融機関や大手メーカーなど長期継続、直接雇用の事務アシスタントのアルバイトにもネットで応募してみたが返事は来なかった。やむなく大手人材派遣会社に登録して何度か単発の仕事に従事した後、紹介されたのが運送会社での徹夜の事務仕事だった。扱いは日雇い派遣だが月曜から金曜まで週五日の固定勤務。勤務時間は夜一〇時から朝七時まで。休憩時間は午前二時からの一時間。還暦間近の高齢者でなくとも、このスケジュールは過酷である。

しかも、勤務先は遠く電車で片道一時間半かかる。帰路はだるくてどうしようもなくつらい日もあるという。交通費は定期代が月に二万円ほどかかるが、もちろん全額自己負担だ。過酷な勤務の割に月々の手取りは一四万円ほど。ただ、当の本人は約一年間勤めた今、それなりに満足しているという。

「私くらいの年齢の人間をまともに相手にしてくれる会社なんてもう日本にはありませんよ。正社員だった頃はこんな目にあうとは思いもよりませんでした。いったん正社員の座から落ちてしまったら、もう絶対に元には戻れないのが日本という国なんですね。今は日雇いとはいえ、健康保険は人材派遣会社の健保組合に加入できましたから年に二回の健康診断も無料で受診しています。厚生年金にも加入できて掛け金の半額を派遣会社が負担してくれます。

それと毎月の労働日数が二〇日を越えているので、半年前からは年間一〇日程度の有給休暇ももらえるようになりました。派遣会社がきちんと教えてくれたことに感謝しています。他の会社では申し出ても断られるのが普通だそうですね。徹夜がしんどいんじゃないかって？　年をとると眠気ってあまり感じなくなるんですよね。勤務中は居眠りもせず、家でもあまり眠らなくなりました」

雇用主は労働者の健康管理に留意し無理な働かせ方をしてはいけない。連日徹夜して本来眠るべき時間に眠らないと、人間の免疫力は急激に低下するという。これ以上、体調を崩されないよう祈るばかりだ。

中高年を殺すな

人材派遣業界の非道はこの会社に限ったことではないが、テレビで有名タレントを起用した全国ネットのＣＭを流せるような資金潤沢な大手企業が、どうしてこういう残酷なことをするのだろう。

Ｎさんの場合、そもそも一年以上継続して仕事をしてきたのだから「日雇い派遣」扱いはおかしい。派遣労働者の雇用の安定を図るため、人材派遣会社には派遣労働者の直接雇用義務が生じる旨を労働者派遣法は定めている。正規雇用に移行させるのにいったい何の問題があるというのか。

二〇一五年二月一九日、その同じ人材派遣会社から私は終夜勤の事務所移転業務を割り当てられた。事務机や書棚、テレビなど重量物を移動させるきつい仕事である。勤務日の昼間、人材派遣会社から電話がかかった。

「夜勤の皆さんにはそのまま日勤にも入っていただくことになりました」

夜勤は午前六時で終了する。その後、午前八時から午後八時までも勤務せよという。つまり睡眠時間ほぼゼロの二四時間連続勤務だ。力仕事でそれは無理だと言ったのだが……。「時給の高い夜勤だけなんて勝手は許されません。引き続き日勤に入ることが夜勤就業の条件です」

「そうですか。私は無理なのでもう結構です」

だが、人材派遣会社は許してはくれなかった。夜の集合時間ちょうど、営業の男性社員から電話。

「どうして来ないんですか。すぐに出て来て下さい」

「昼間に、辞退すると言いましたけど」

「欠勤はダメだと言ってるだろう。遅れてもいいから来い。来なければ自宅まで行くからな」

人材派遣会社の熱心すぎる営業は、強引な取立てで知られる闇金のようだ。

従順な派遣労働者

第三章でご紹介した巨大モールでの監禁未遂事件にはあまり芳しくない後日談がある。派遣仲間の女性の一人の方と派遣労働に関する情報収集のためにメールアドレスを交換していた。数日後、私が派遣先責任者によるパワハラを恐れて出勤できなかった一月四日の様子を聞いてみた。現場では私の欠席は病欠と伝えられたが彼女たちの誰一人としてそれを信じず、私の反抗が問題視され懲罰として翌日分の契約を破棄されたと思っていた。

電話で取材した彼女たちの茶飲み話の内容は愉快なものではなかった。

「やっぱりね、派遣会社と派遣先の両方に嫌われちゃったら……」

「雇ってくれるのは向こうだからね。こっちは選べないし」

「こっちが融通きかせてあげたらさ、あとでいい仕事まわしてくれる可能性もあったよね」

「バックヤードじゃなくてフロアで騒いでたじゃない。あれもまずかった」

「派遣先とけんかできると思ってるところがすごい（笑）」

「きっともう仕事紹介してもらえないよ。かわいそう……」

この時点では、私が責任者に反抗したことで給与は予定通り満額払われることになっていた。だが、彼女たちから感謝の言葉は聞けず冷ややかに私を諌める言葉だった。彼女たちから見れば、私は近寄ってはいけない異形の存在だった。

不当な人材派遣の現場で出会うのは、この女性たちのようにどこか悟った風にあきらめきって冷めた感覚の人ばかりだ。派遣労働に従事する人々はまことに従順である。監督に「黙ってろ」と言われればずっと黙っている。「能率を上げろ」と命令されれば、電圧を上げられたモーターのように必死に手を速く動かす。

そうしたところで疲労が増すだけで賃金は変わらず、派遣先企業が儲かるだけなのに頑張ってしまう。ほとんど条件反射のように、命令されるとそれに従ってしまうのはなぜなのか。日本人の意識の深層に、持たなくともよい責任感や遠慮が潜み、労働者の権利要求を抑えるガンになっているのではないか。

権利意識に欠ける中高年労働者

それを端的に表す事例がある。二〇一五年一月、某全国紙の投書欄に載った文章だ。投稿者は六〇歳を過ぎた元教員。年末年始にスーパーの惣菜工場で主婦や高校生らにまじってアルバイトをした際、管理職から「何回注意したら分かるの」などと休みなく叱責されたという。これに対し、みなが心の中で（ろくな事前説明もなかったのに）と思いつつ、表向き「すみません」と謝っていた。つまり不満たらたらで働いていたという意味らしいが、そんな中、元気に声を出して働く若者がいて、自分の分担の作業以外もこなしていたと賞賛する。この元教員氏は、労働者が成果を出せるように指導するのが雇用主の義務であるにもかかわらず、労働者は雇用主の手抜きに不満を抱かず、笑顔を浮かべて他人の仕事まで頑張るのが立派だと認識している。

そしてその若者の身の上話に触れる。三年間、精密機械工場で長時間労働やきついノルマに苦しみ、仲間は病気になって退職していった。特につらかったのは上司の指示でした仕事を、別の上司に間違っていると指摘され黙ってやり直したことだった。

元教員氏はこう総括する。「彼のようにがんばる人たちが理解してくれる上司に巡り合えることを願う。負げんなよ、若者たち」。頑張る若者を理解しないパワハラ上司に怒るのではなく、そのありようを是認し、理解してくれるまともな上司にめぐり合えるまで負けるなとまとめるのである。残念なまでの現状肯定。ため息が出た。

太平洋戦争中に軍部が国民に押しつけたような精神論ばかりで、労働者の基本的権利にぜんぜん考えが及んでいない。投稿者は私とほぼ同世代であることに驚いた。教育現場ではこんなおかしな価値観が幅を利かせているのなら、労働者保護が社会に浸透しないのもむべなるかな。しかも、元教員氏はそれを有意義な意見だと信じて新聞に送付し、新聞社も立派な意見として掲載する……もうそろそろ、そんな呪縛から脱するべきではありませんか。

労働環境によるワナ

派遣労働の現場では、参集した労働者全員が孤独な存在だ。まわりはその日初めて会った人ばかりで、うっかり話しかけると鬱陶しがられることもある。その雰囲気は小学校の入学式直後の教室に似ている。しゃべってよい立場なのは教壇に立つ教師だけ。子供たちは登校する前から「先生のおっしゃることをよく聞いておとなしくしているのよ」と親に釘を刺されている。

教師が何かおかしなことを言ったとしても、それを指摘するため自分一人だけしゃべればほかの生徒たちの注目を集める。それは同一性の中に埋没することが美徳とされる社会ではこの上なく恥ずかしいことだから指摘しない。静かにしてろと言われればずっと沈黙し、挙手しろと言われれば「はい、はい」と競うように手をあげる。

派遣労働者は大人であっても派遣職場という特殊な環境下では、意識が子供に戻ってしまうのだと思う。発言権はまったくないし、自分の頭で考えることさえ禁じられている。指示された通りに無心に行動するだけだから、大人の主体性などいらない。人材派遣業界が意図したものかどうかは不明だが「労働環境による洗脳」が行われている。

私と一緒に不当な労働条件下でいいようにこき使われたのに抗議など思いもよらないとして、二人で酒をちびちび飲みながら私を諭してくださった方がおられた。大手デパートを一〇年前にリストラされた六二歳の男性である。そのとき、彼はこう話していた。

「望みはかなわないとわかっているなら何も望まない。そのときそのときに自分が取れるものを取る。自分とは違う人生をうらやましいとは思わない。のぞこうとも思わない。自分の中では他人は風景の一部でしかない。

反発するのは疲れる。現状に安住し、反発する気概など持たないことが、楽に生きられる最善の行き方だ。（筆者注・私はそれは弱さだと思うのだが、多くの派遣労働者には賢さと理解されている）

人材派遣会社は仕事を依頼するときはフレンドリーで優しい。行ってみて仕事の内容がひどくても、抗議などしなければまた次の仕事をにこやかに紹介してくれる。人材派遣会社とはお互いさまの関係なのに細かいことでいちいち目くじら立てる、あなたみたいな人はルール違反だ。（筆者注・本当にこう言われた）

反抗すれば人材派遣会社に見捨てられてメールがぱったりと来なくなる。自分にメールをくれるところなんてあまりないからさびしくなる。何にせよ外に敵を作るということは、結局自分が損をするだけなんだ。

タコ部屋だ、過酷な重労働だと騒ぐけど、多くの現場を経験したらわかるがどこの現場も同じ。それが日本の常識なのだから文句を言っても仕方がない。スーパーのレジ打ちは立ちっぱなしが常識だけど、それを労働法違反だ、何が何でも座らせろとあなたは騒ぐの？（筆者注・スーパーのレジ打ちは、米国のモールなら常設の椅子に座っている。日本のスーパーは椅子にスペースを割くと売り場面積が減って売り上げが減るので椅子を置かない）

どこも労働環境は同じであれば新たな職場を探す理由はない。初めての仕事で上手にできなければ派遣先の監督に叱られて嫌な思いをしかねない。叱るのが彼らの仕事だからね。慣れていれば仕事も速くできて監督も上機嫌だ。だから、多少きつくても経験のある現場がいい。

片道二時間もかかる遠方の派遣先でも『あなたにはこの現場しかない』と言われれば、人材派遣会社の都合できっとそうなんだろうなと思うよ。先方の都合も聞いてやらねば。私たちと人材派遣会社は持ちつ持たれつなのだから」

こんな「ものわかりのよい労働者」の存在が、違法な人材派遣業界の隆盛の一端を支えている。労働環境の整備に無責任で人権意識に乏しい雇用者に対しては、労働者は敢然と責任を追及しなければならないし、その権利は誰もが持っている。税金を使った労働相談窓口が各地に設置されているのは、いったい何のためか。労働者の権利を否定するふらちな輩《やから》をこらしめ絶滅させるためではないのか。かつてグッドウィルやフルキャストの無法に立ち向かった人々は、いったいどこへ消えてしまったのだろう。

今一度、派遣労働者は団結しなければいけないのではないか。人材派遣会社は労働者が分断されているから何もできないと高をくくっている。誰もが権利意識を高め、横のつながりを持たなければならない。たとえばある現場に参集した三〇人が連帯して次回は全員がその職場をボイコットすれば、派遣先も人材派遣会社も困るだろう。派遣労働者は複数の人材派遣会社に登録している。同じ派遣先を他の人材派遣会社が紹介してきたら、現場に集まった初対面の人たちにやはり同じようにボイコットを呼びかける。そうやって人が集まらなくなれば人材派遣会社はそのうち必ず労働条件を改める。これを繰り返していけば、徐々に全体が良くなる。

行動しなければ何も変わらない。行動は今日からでも始められる。

現実を直視してほしい

人材派遣の業界団体である一般社団法人「日本人材派遣協会」のホームページには、こんな文章が公開されている（二〇一五年三月時点）。

〈私たちがいつの時代も目指しているのは、誰もがライフスタイルにあわせた働き方を選び、生き生きと誇りを持って働き続けられる多様な就業機会を創出することです。そして働く人が能力を最大限に発揮し、人々の力によって持続的に成長する活力ある社会の実現です。派遣社員の能力開発を長期的な視点で促進し、派遣就労を通じて有意義なキャリア形成を実現することです〉

より具体的には、日本人材派遣協会はこう主張する。「我々は労働者をただ手配しているだけではない」と。「派遣先企業を指導して登録労働者がより安心して働ける環境を整え」「派遣にあたっては適材適所に十分配慮し」「登録労働者が新たなスキルを身に付け、より好条件の職場で働けるように適宜、指導や講習を実施している」と。

確かに一部では講習などの事業は行われてる。だから、単なる建前と言ってしまったら言い過ぎかもしれないが、問題はそうした協会の方針や施策が人材派遣業界にどの程度浸透し実行されているかだ。

私が労働契約を一方的に破棄され、帰宅を促された世論調査の現場では、指導はおろか解雇理由の説明すらなかった。だまされて連れ込まれたタコ部屋で監督に追いたてられ、寒風ふきすさぶ雨の路頭に薄着で立たされ、賃金踏み倒しに抗議したら倉庫に監禁されかけた。こうした、労働法の知識がない派遣先責任者に、人材派遣会社が労働法を教えに出向いたことはなかったに違いない（もしあったら、こうした事態は起こらなかったはずだ）。

私のスキルや能力を一度でも尋ねた派遣先もなかった。アナウンスや珠算の能力を活かそうとしたら、「余計なことをするな。みんなと同じことができないのか」と罵倒され問答無用で雇い止めにされた。

それが、同協会が目指す「生き生きと誇りを持って働ける現場」だとは、到底思えない。

ちなみに人材派遣業界の最大手クラスの場合、労働者登録に際して何段階ものチェックが入る。職歴やスキルについては厳密に証明書の提示を求め、常識力試験、漢字テスト、性格適性検査に加えて、英会話力、計算速度、文章力、タイピング速度、テンキー速度の実技テスト等、新卒採用試験と同じかそれ以上のレベルの手続きを踏んでいる。すべて終えるまでに半日かかった。

その後の面接を担当したのは、女優の堀北真希のようなきゃしゃでおとなしめな女性だったが、口から出てくるのはなんとも手厳しい言葉ばかり。まさに圧迫面接もどきだった。

「五八歳という年齢はネックです」

「放送局の勤務経験など、一般企業様にはまったく価値がありません」

「パワーポイントもエクセルもできないのでは、現代のオフィスワークには通用しません」

「退社してから八年間の無職は就労意欲を疑われます」

「怠けグセがついたというのが普通の企業様の評価です」

「家庭の事情？　介護？　あなたは初対面の企業様に自分の境遇を嘆くのですか」

「これから意欲的に仕事をしたいというのに変ですよね、愚痴は役所で言って下さい」

「そんな甘えた人を採用する会社は派遣でもないと思いますよ」……。

手ひどく打ちのめされた。私は八年間主夫をしつつ細々ながら著作を発表してきた。自分なりに懸命に生きてきたつもりだったが、全否定されてしまった。

翌日、郵送で「弊社では登録できません」という通知が届いた。速達や書留ではない。横浜から都内への一般郵便だから前日昼間の発送でなければこんなに早く届かない。私が適性検査を受けていた間にすでに登録拒否通知が印刷されていたのだ。「登録拒否の理由については回答しない、個人情報は抹消した」と非情な文言が並んでいた。

人材派遣業界は「労働者の育成と雇用のマッチング」を人材派遣の存在意義としている。最大手クラスは労働者のスキルを高めるためのサービスとして、OA等さまざまな研修を実施していると誇る。

しかし私は、その能力開発の土俵にすら上げてもらえなかった。大手人材派遣会社の基準では、家庭の事情で正規雇用を離れざるを得なかった私のような中高年は無価値なのだ。

彼らの求める人材とはどういうものか、それは求人内容を見れば一目瞭然だ。

現状、人材派遣業界の最大手クラスの求人は、「若くて将来性があり、IT技術や各種国家資格、通訳並みの語学力等の高度なスキルを元々持った、本来なら正規雇用でも十分通用する人材」でなければ対応できない。いわゆる〝神様スペック〟の持ち主である。第一章の「中高年が職に就けない現実」でご紹介した、大手企業の人事畑で一〇年勤務したあとに転職した三三歳男性のコメントでおわかりのように、現状、正規雇用では男性は三〇歳以上、女性は二五歳あたりから難しくなっている。彼らはそのあたりの階層を狙っている。中高年は蚊帳の外だ。

畢竟《ひっきょう》、人材派遣業界の中でも「カースト」が形成されている。中高年が採用してもらえるのは、キャリアを問わず時給一〇〇〇円以下の単純労働現場に「ひと山いくら」で労働者を送り出す違法派遣のみである。

モノではなく生身の人間を扱うのだから、人材派遣はあらゆる業態の中で最も強く人権意識が求められる。だが、上から下まで差別意識が蔓延している。これほど欺瞞に満ちた業界を私はほかに知らない。

企業によって被害を受けた労働者からの相談を受ける厚生労働省・東京労働局の労働相談員は言う。

「派遣労働者からの相談は殺到してますよ。あまりに多くて、長時間電話がつながらないほどです。ただね、派遣の方には我々は何もしてあげられないんですよ。たとえば派遣先で人権を蹂躙された場合、我々は労働紛争斡旋制度で慰謝料などの話し合いをさせるために派遣先企業を呼びます。ですが、呼び出しに応じる会社なんて一社もありません。応じなくてもよいと法律に書いてあるんだから。派遣労働者は不当に差別されています」

そんな差別的な制度を一貫して国に要望してきたのが人材派遣協会である。政府、財界と一体になっての「活力ある社会の実現」も結構だ。だが、それ以前に民主主義社会の一員として「自由と平等と信義」を尊重する健全な市民であってほしい。

人材派遣を推進する識者たち

人材ビジネスコンサルタントおよびキャリア・カウンセラーである土岐優美氏は著書『派遣業界の動向とカラクリがよ〜くわかる本　人材派遣ビジネスの実際と最新動向がわかる！』（秀和システム）の中でこう解説している。

〈人材派遣会社は派遣スタッフへ支払う賃金をピンハネしているのではなく、売上（派遣料金収入）から、まず派遣スタッフへ賃金を支払い（売上原価）、必要経費を負担します。当然、スタッフは賃金を了承してスタートしているのですから、搾取ではありません〉

何が当然なのか、私には理解できない。スタッフがやむなく賃金を了承したことと、人材派遣会社が賃金の上前をはねる＝ピンはねという厳然たる事実とは無関係だ。それ以前に、これまでコンサルタントは人材派遣の利用を呼びかけ常勤雇用を減らして労働者が人材派遣業界に流れざるを得ない状況を作ってきた。派遣労働者はその犠牲者である。

土岐氏はこうも書いている。

〈人材派遣を活用するのは、派遣スタッフの専門性、即戦力性に魅力があるからです。この要素は、人材派遣の本来の特徴でもあります〉

そういう世界も日本のどこかにはあるのかもしれない。だが、私の一年間の実体験から言わせていただこう。先のコメントを正しく言い換えるならば以下のようになる。

〈人材派遣を活用するのは、派遣スタッフの奴隷性、使い捨てに魅力があるからです。この要素は人材派遣の本来の特徴でもあります〉

重要な情報をネグレクト

大学教授で政府の経済財政諮問会議議員を務めたこともある八代尚宏氏は、その著書『労働市場改革の経済学』（東洋経済新報社）において、労働市場の規制緩和を主張している。市場の競争が十分に働けば同じ商品やサービスの価格が安値安定するのと同様、同じ労働に同じ賃金の一物一価が実現するという。そのためには仕事の中身にかかわりなく「家族を養うに足る賃金を世帯主の正社員に保障する」生活給をなくし、正社員だけが保護されている規制を緩めるべきだとしている。

子育て中の正社員に対し、最低限の生活給を払う必要なしという主張もいかがかと思うが、労働者派遣事業には同情的で、特にマイナスイメージが強く規制強化の矢面に立たされているとし、労働者派遣の正当性と必要性を強調している。

八代氏は「原則禁止・例外自由」であった労働者派遣が一九九九年に「原則自由・例外禁止」の原則へと百八十度転換したのは同年に日本が批准したＩＬＯ（国際労働機関）の条約に基づく措置だったと指摘する。その背景には、世界的に雇用機会の新規創出を目的とした派遣労働の規制緩和の動きがあった。ＩＬＯ条約が職業紹介や派遣の適用禁止対象を最小限にとどめるべきとしているのは、それが労働者の利益にかなっているからだと。そしてこうした世界の動きは「働き方への制限を強めることが労働者の利益」という最近の日本での倒錯した議論とは正反対だと論じる。世界的に労働者派遣はどんどん自由化される方向であるにもかかわらず、日本だけが制限を強めており不合理だと主張する。

残念ながらこの主張には瑕疵がある。日本と欧米先進国との明らかな違いを無視していることだ。本章の最後でご紹介するように、ドイツやフランスでは派遣労働者がどれだけ保護されているか、正社員と派遣労働者の均等待遇の原則がどの程度実現されているか、日本との明らかな違いにまったく触れていない。ドイツで派遣労働者になることは、毎月定収の得られるサラリーマンになることである。

日本の一般登録型派遣で日雇い奴隷にされるのとはぜんぜん違うのに、なぜ言及しないのか。

欠けている労働者保護の視点

日本も欧州並みに規制緩和せよと言うなら、その前提としてたとえば登録型一般派遣事業者をすべて常勤型の特別派遣事業者に変えるなどして、労働者が実際の仕事の量にかかわらず毎月一定の収入を得られる形にすべきだ。そうなると人材派遣会社は労働者を派遣できなければ、収入がない一方で、労働者に月給を払わねばならない。赤字になる会社が続出し、多くが倒産するかもしれない。それを避けるためには、今のような員数合わせの「手抜き奴隷派遣」ではなく、頭を使った人材派遣に真面目に取り組むようになるだろう。もっとも、人材派遣会社が倒産して業界が縮小したところで、労働者の直接雇用が拡大するだけだから、何の問題もないが。

八代氏は日雇い派遣の原則禁止についても反対している。多種多様な仕事がある中で、明確な理由もなしに派遣労働者として働けないというのは、職業選択の自由に反すると主張する。原則禁止によって短期の雇用ニーズがある派遣先は自ら労働者を募集しなければならなくなった。そもそも短期派遣は募集、採用、給与支払いのコストが大きいため、派遣会社に外注しているのだから、派遣を禁止して直接雇用が増えたらかえって賃金は減ってしまうと指摘するが、これも重要なポイントをネグっている。派遣労働者がどう扱われているかということだ。直接雇用なら企業は労働者の適正な扱いに気を配る。だが派遣労働者にはその必要がないから、現行の派遣の待遇は劣悪で改善が必要だ。

採用コストと言うが、現行の人材派遣会社は数本のメールで労働者を送り出すだけで人事管理コストをほとんどかけていない。人事は企業経営で最も大事な要素であるにもかかわらず、その企業が採用にカネをかけたくないというのなら、直接雇用でも人材派遣会社と同様に「誰でもいい」と手抜き採用すればコストはかからない。そして、人材派遣会社のピンはね分は確実になくなるから賃金を増やせる。

以上のお二人に限らず、人材派遣を拡大させようと論陣を張る識者は多い。規制緩和は聞こえのよい言葉だが、何でもかんでも緩和すればいいというものではないし、現状から目をそらし重要な情報をネグレクトした議論では、意味をなさない。

人材派遣と景気浮揚

二〇一三年以来、アベノミクスで景気浮揚を謳う安倍首相は経済界などに再三、正規社員の賃上げを要求し「官製春闘」などと揶揄されている。だが、力を入れるべき対象が違っているのではないか。少し昔を思い起こしてほしい。

今から約三五年前の一九八〇年代初頭、日本は世界最高の国＝ジャパン・アズ・ナンバーワンと世界の経済学者たちに評価されていた。その頃、日本人の八割が「自分は中流だ」と信じられる生活の余裕があった。人材派遣会社など影も形もなく、一家の大黒柱が非正規労働者というケースは多くなかった。

現状でも比較的恵まれている大企業の正規社員の給料アップより、年収二〇〇万円に満たない非正規労働者の待遇改善が急務だ。消費が伸びないのはこの層に購買力がないためであり、消費税増税が生活にひびいているのもこの層だ。年収二〇〇万円以下では、家賃や水道光熱費、通信費以外の食費、衣服や日用品、嗜好品などあらゆるものを切り詰めた生活を余儀なくされる。当面、必要でないものを買うなど考えられない。

恥ずかしながら二〇一四年の年収が一〇〇万円に満たず、預金を食いつぶしている私の場合がわかりやすいだろう。都市ガスは止めて廃材を燃やす薪ストーブで代用している。ティッシュは買わずにトイレットペーパーにした。掃除機が壊れたが買い換えず、百円ショップで買ってきたホウキで掃除している。五〇インチのプラズマテレビの画面がつぶれたが買い換えず、押入れにしまっておいたアナログテレビをブルーレイレコーダーのチューナーに接続して見ている。仕事用のパソコンはフリマで見つけた五〇〇円の中古XPだ。雰囲気の良い喫茶店で落ち着いてコーヒーを楽しみたいが、コンビニやハンバーガーチェーンの一〇〇円コーヒーで我慢する。レストランのディスプレイを見て外食したいと思うことがあっても、先々の家計破綻の恐怖で縮み上がってしまい食欲も失せる。

レストランがいかに美味しそうなメニューを並べても、家電メーカーがいかにロボット掃除機の高性能をアピールしても、どちらもなくても生活に困らないのだからぜひ欲しいとは思わない。貧者にとってカネを使わないための自己規制は、慣れっこになれば苦痛ではない。ダイエットしてお腹が空けば二五〇円ののり弁でも味わい深いし、工夫してエネルギー節約の成果を上げて温暖化抑制に貢献する自分が誇らしい。

そんな私でも、仮に年収が一〇〇万円増えたらどうなるか。液晶テレビやロボット掃除機を買ってもまだ八〇万円以上残る。コーヒー一杯五〇〇円の喫茶店にも特に勇気を必要とせずに入れるだろう。食事も焼肉店かファミレスくらいの外食はいいかなと考える。骨董品同然のパソコンも、取材の持ち歩きに便利な新型に買い換えるだろう。生活の質が最低限で上げる余地が大きければカネは確実に消費に使われる。

一方、年収一〇〇〇万円以上の正規社員は、すでに最新の大型テレビも高価な外車も持っているだろう。高級寿司店や高級中華店での外食も海外旅行も頻繁にしているだろう。私もかつてはそちら側だった。さらにおカネを使おうと思っても何に使ったらいいのかわからず、資産としてため込むだけだった。毎日美味しい食事で満腹状態なのにさらに美食を楽しもうと思えば、古代ローマ帝国の貴族のように無理に嘔吐してまた食べるという愚行しかない。

すなわちこれ以上正社員の賃金を上げても、ほとんど預金として眠ってしまい、消費を活発化させる可能性は低い。日本は財政赤字が一〇五〇兆円を超え、毎年四〇兆〜五〇兆円借金が増えている。赤字削減は急務だ。税収を増やすための景気浮揚を政府が望むなら、二〇〇〇万人以上の低賃金非正規労働者が「ささやかなぜいたく」をできるような、そんな元気を持てるような施策が求められる。

日本の約四八〇兆円の年間GDPのうち個人消費は六割を占める。二〇〇〇万人が一年間に一〇〇万円を使ったらどうなるか。消費総額は実に二〇兆円で個人消費はざっくり一〇パーセント伸びる。

景気浮揚の鍵は減少しつつある正規社員の賃金より、激増している非正規労働者の賃金だ。その波及効果たるや想像を絶する規模になるだろう。

副社長が帰っちゃった！　欧州の労働事情

欧米先進国では日本とは比べ物にならないくらい労働者の権利と待遇が保障され、雇用主に違法行為があれば直ちに指弾される仕組みが整っている。今から二〇年以上前、その実態をまざまざと見せつけられたことがある。

一九九三年、翌年の関西空港開港を控えて、テレビの空港特番の取材のためオランダのＫＬＭオランダ航空本社を訪ねた。陽気な副社長へのインタビューは楽しく、予定の三〇分を大幅に超過して夕方五時になってしまった。すると副社長は時計を見るや、びっくりした表情で椅子から立ち上がり、「私は帰らなければならない」と唐突に通訳に告げた。質問項目はまだいくつか残っていた。せっかくはるばる日本から来たのだから、あと一〇分くらい時間をいただけないかと気軽に交渉した。

だが、彼は頑として譲らない。必要なら明日またここに来いと言う。あまりと言えばあまりの仕打ちである。融通を効かせられない理由を問うと、彼は真剣な顔でガラスの仕切り板の向こうの職場を指差した。

「社員たちが帰宅準備をしているだろう。彼らの目の前で私がいつまでも仕事をしていると、それだけで彼らに『残ってもっと仕事しろ』と圧力をかけたと見られ糾弾されてしまうんだ。これは管理職にとってとても重大な罪だ。管理職は率先して帰らなければいけないんだ」

もし政府の労働相談窓口に社員が訴えれば、直ちに会社に行政指導が入り、一発でクビにされてしまうという。KLMの副社長氏にはこんな言い方をして申し訳ないが、社員たちの前ではおどおどしているようにさえ見えた。

長時間労働、サービス残業、上司によるパワハラが横行する日本では考えられない労働者天国がそこにあった。

日本にスウェーデン流を持ち込んだ企業

スウェーデンに本社のある家具小売大手イケアの日本法人「イケア・ジャパン」（千葉県船橋市）は二〇一四年九月、それまで日本的な慣行で雇っていた二四〇〇人のパート労働者を短時間勤務の正社員に切り替えたという（日経新聞二〇一五年一月二三日ほか）。

イケア・ジャパンの社長はこう語っている。

〈正社員だろうがパート社員だろうが区別せずに、従業員一人ひとりの才能を平等に引き出す環境を作りたかった。従業員に話を聞くと、パート社員は『私はパートだからここまでしかできない』などと、自ら仕事にブレーキをかけていることがわかった。これを取り払えば、従業員が最大限のパフォーマンスを出せる組織に変わると考えた。社員は一週間の勤務時間を12〜24時間、25〜38時間、39時間の3つから選べる。ポストや仕事の内容が同じなら、短時間勤務でもフルタイムと同じ時給換算の賃金を払う。同一労働・同一賃金の考え方で、貢献度次第で昇格や昇給もする。

従業員は入社後に育児や介護など人生のさまざまなステージを迎える。その時々で働き方を選べるようにする。さらに勤務時間が短い人でも管理職ができるようにジョブ・シェアリングを検討する。たとえば育児をしている二人が交替で店長を務めるイメージだ。その人の人生のどんな局面でも働ける仕組みを考えたい。

人件費の負担が数億円増えるが、人に対する投資であり、新店舗の土地取得費用と同じ戦略投資だと考えている。人事制度を変えてから離職率も下がった。勤務経験が長くなれば従業員の知識水準も上がり、顧客サービスの向上にもつながる。今後、仮に業績が低迷したとしても、全員が正社員なのだからみんなで知恵を出し合い、挽回を目指し

て力を合わせてくれるはずだ〉

労働者の人間性や生活に配慮しつつ、能力を最大限引き出そうとする意欲的な姿勢だ。この制度が大きな成果を出し、イケア・モデルが日本に広まることを願う。一九九五年に労働者カーストのコンセプトを打ち出した日経連の後身である日本経団連（日本経済団体連合会）はイケア・ジャパンを視察すべきだろう。民主国家にカーストはおよそふさわしくない。

厚生労働省の「賃金構造基本統計調査」では、フルタイム労働者に対するパートタイム労働者の賃金水準を比較している。二〇一四年の調査によると、日本の四五～五九歳の中高年パートタイム労働者の水準はフルタイム労働者に比べ四九～五二で、欧州の八〇以上に比べ著しく不公平な状態だ。ＥＵでは域内にパートタイム労働者の扱いについての指令を出している。

「パートタイムであることを唯一の理由として、フルタイム労働者よりも不利な扱いをすることを禁じる」

欧米先進国比較

日本人材派遣協会は外務省や厚生労働省発表の資料を総合して海外の派遣事情をまとめている。日本の派遣労働者数は約二四五万人、事業所数は約七万五〇〇〇（二〇一二年）だが、いずれの国でも人材派遣の市場規模は日本よりはるかに小さく、米国でも事業所の数は日本の半分以下に過ぎない。各国の派遣労働者はどのような扱いを受けているのだろうか。

【ドイツ】

まず日本と経済規模が似ているドイツの場合。人材派遣会社の事業所数は八三三一（二〇〇八年）で、日本の一〇分の一程度だ。派遣労働者の就業者全体に占める割合も二・三パーセントと低い水準にある。派遣事業が拡大しないのは、派遣制度が根本的に日本と異なり、労働者が手厚く保護される一方、人材派遣会社にはさまざまな規制がかかっているからだ。

ドイツでの主流は「常用型派遣」だ。人材派遣会社が派遣労働者を常時雇用し月給を払い派遣先企業からの注文に応じて派遣する制度。これによって仮に仕事がまったくない日が続いたとしても、派遣労働者には正規労働者に準じた定額の月給が支払われる。

また、ドイツでは二〇〇四年一月一日以降、「派遣労働者は普段は名簿に登録されているだけで、派遣先から注文を受けた段階で人材派遣会社と労働契約を結ぶ」という、日本でいうところの登録型派遣が、法改正により自由化された(「労働市場における近代的サービスに関する第一法」/以下「ハルツ第一法」)。

しかし、派遣労働の自由化と抱き合わせで、派遣労働者に関する均等待遇の原則も導入されている。すなわち、派遣労働者に対しては、原則として、派遣期間中は賃金を含めて派遣先の同等の正規労働者に適用される主要な労働条件を適用しなければならない、とするものである。日本の場合は人材派遣会社に登録することが非正規化、貧困化への入口だが、ドイツでは事情が異なる。

日本では三〇日以内の短期派遣も長期派遣も低賃金、低待遇で、人件費を削減したい企業が正規社員に代替する形で派遣を増やしているが、ドイツでは前述の通り、ハルツ第一法により均等待遇の原則が採用されており、日本と比較すれば、人件費削減という意味で正規社員の代替としての派遣労働者の利用には、一定の歯止めがかかっているといえる。

【米国】

米国は世界最大の経済大国でありながら、人材派遣業界の規模は日本ほど大きくない。労働力人口は日本のほぼ倍の一億六〇〇〇万人ほどだが、派遣労働者の割合はその二パーセント弱に過ぎない。派遣会社の数も法人六〇〇〇社、事業所は二万だ。

派遣期間は全派遣労働者のうち三割が一ヵ月未満の短期。職種は製造輸送、事務サポート、サービス等の補助的業務が七割を占める。専門的なスキルを要する専門職や管理職は二割弱だ。

日本のように低賃金の派遣労働が問題化しているかといえば、そうした声は聞かれない。米国には個人に対するいかなる差別行為も禁じる「差別禁止法」がある。労働者派遣事業を規制する法律が米国全体の連邦法、各州ごとの州法共にほとんど存在しないのは、そうした社会的背景があり必要性がないからだ。

ちなみに米国の場合、労働者派遣とは別に労働者の独立志向が高いことに合わせた独特な雇用制度がある。たとえば不動産業者やリフォーム業者、コンサルタント、ライターなどは「独立契約者」(Independent contractors)と呼ばれ、自らの顧客に対して商品やサービスを提供する自営労働者に近い賃金労働者だ。また教師や看護師、建設の専門職など特別な技術を持つ労働者を、必要に応じて呼び出し数日から数週間雇用する「呼び出し労働者」(On-call Workers)という制度もある。

独立契約者と呼び出し労働者は能力次第で賃金が高くなる実力主義が機能しており、いずれも参加者が増加する傾向にある。企業が合理化する際、必要な人員は確保し業務を滞らせないための有益な人材供給源になっており社会的ニーズも高い。

【フランス】

フランスの派遣会社の数は一二〇〇社(二〇〇八年)、事業所数は七〇〇〇。派遣労働の形態は登録型のみで派遣期間の上限があり、更新期間を含めて一八ヵ月、更新は一回限り許される。フランスにおいて派遣労働といえば、正規雇用のステップや職業能力開発機会を得る機会と位置づけている。

そしてドイツと同様、派遣労働者と派遣先の社員の均等待遇の原則が法律で定められている。派遣期間中の賃金や労働条件は、派遣先企業で同等の職務に就く同等の職業資格の社員の水準を下回ってはならないことになっている。また、パートタイムの社員であっても、時間給は同等の就労現場にあって在職期間も同じような期間の定めのない従業員と同一であり、年功手当や有給休暇もフルタイム雇用されている従業員と同様に計算される。

さらに人材派遣会社は雇用する派遣労働者に対し、派遣期間が終了した場合は「不安定雇用手当」を支給せねばならない。この手当は一九九〇年三月に制定された「全国職際協定」により「派遣期間中に労働者が受け取った総報酬額の一〇パーセント」と定められている。派遣労働者の生活を安定させる責任を人材派遣会社に負わせている。

加えて派遣労働者は、派遣先企業の労働者と同じ条件で、通勤用の手段や、食堂、シャワー、更衣室、保育施設、休憩室等の派遣先企業の福利厚生施設を利用することができる。福利厚生施設に関し、派遣先企業がその費用の一部を負担している場合は、この費用分につき、労働者派遣契約に定める方法により派遣元企業が償還しなければならないと法律で定められている。職業訓練に関する協約、健康や安全の保障に関する協約等により派遣労働者の待遇が改善されている。

派遣先が派遣労働者を差別し、派遣労働者は交通費すらもらえない日本の現状を知ったら、フランス人は日本という国をどう思うだろうか。

独米仏三国の事情を見てきた。英国や北欧の国々も均等待遇の原則や人材派遣事業への規制は上記三国とほとんど変わらない。どこの国も労働者保護を眼目にしているのだから結果は似たようなものだ。

日本の労働市場だけがいかに異質かおわかりいただけるだろう。ピンはね稼業の大増殖は日本だけの特異現象である。繰り返すが、日本の人材派遣業界の事業所数は世界最多の七万五〇〇〇。売上高は米国の五倍の五兆円に達する。

冒頭に記したように、この項の海外事情は日本人材派遣協会がホームページに掲載している資料を中心に参照・抜粋させていただいた。つまり人材派遣業界の社員と関係者全員がこの資料を見る機会がある。政府ともども、ぜひ欧米を見習って事態を早急に改善していただきたい。

おわりに――すぐにできる改善策の提案

かつてブラック企業と批判されたある居酒屋のチェーン店で異様な光景を目にしたことがある。カウンターに座り目の前の水槽を見ると、どこか違和感があった。妙に静かで酸素供給の泡がないなと思ったら、何と水がぜんぜん入っていなかった。しかし、確かに大きめの鯛やヒラメが……いや、よく見ると泳いでいないようだ。

魚は保存用に透明ビニルで真空パックされたものだった。それが細かな砂利の上にあたかも泳いでいるような態で立てかけられている。店員にどうしてこうなのかと尋ねたら、生簀を維持するには活け魚代もエネルギーコストもかかるので苦肉の策で形だけ整えたという。涙ぐましいが、努力の方向性が錯乱していないか。

生簀を見たいという需要が客の側にあるとしたら、対象は魚の外形だけではないだろう。生き生きと泳ぎまわったり、口をぱくぱくしたりする動きを含めて魚たちの全体像を見たいのである。真空パックの魚を見ても興ざめするだけだから、目的はまったく達成されていない。

本質を無視して外形だけの員数合わせでよしとするのがこの時代の流行なのだろうか。労働者も員数合わせでよしとする判断が最も極端な形で現れたのが人材派遣ではないか。底辺の労働者には奴隷としての価値しか認めない制度。日本のすべての労働者が個々の能力や人間性で評価され、誰もがほどほどの生活ができるようにするにはどうしたらいいのか。

労働者派遣の全面禁止と言いたいところだ。長年、我が世の春を謳歌していた高金利の消費者ローンが、二〇〇六年に政府要人の一声で制限金利が大幅に下げられた事例がある。裁判で過去の過払い利息の返却も命じられ、消費者金融業界は大きな痛手をこうむったが、長年利息の累積で苦しんでいた人々が一挙に救済された。

ただあまりに巨大になりすぎた人材派遣業界を直ちに営業停止にすると、混乱は避けられないだろう。ならば、すぐに実施可能な二つの改善策を提言したい。

第一に「派遣Gメン」を設定して現場潜入や聞き取りで広く情報を集め、人材派遣会社の違法行為に対して行政指導を連発する。指導が三回に達したら一定期間の業務停止、累積一〇回なら当該社の派遣業登録を抹消し、所属する社員全員が人材派遣事業の申請資格を永久に失うものとする。

この社員の永久追放処分が重要である。そこまで厳しくしないと人材派遣業界の体質は改まらないからだ。過去の教訓がある。社会的制裁を受けたグッドウィルは消滅しフルキャストは事業縮小したが、両社の幹部らの一部は新しい人材派遣会社を創設し、勝手知ったるノウハウを駆使して現在も違法営業している。一つの会社を行政処分しても個人に十字架を負わせなければ、何度でも新しい会社を作って同じことをする(奇しくもマルチ等の悪徳商法と同じ)。違法人材派遣はそれほどうまみのあるビジネスなのだろう。

この規制にはもう一つ大きなメリットがある。違法行為が行政にばれていないからと悪行を改めようとしない会社があったとしても、追放処分が自分の身に降りかかる社員たちが恐くなってみんな逃げてしまうから、自動的に営業停止になる。

第二の改善策は派遣労働者への積極的な情報提供と指導だ。一年前まで労働法規とはまったく無縁だった私が偉そうに言える筋合いではないが、派遣労働者は労働法も労働者派遣法もほとんど知らない。どうやって法律を周知徹底させるか? 登録型派遣では全員が最低一度は人材派遣会社に登録に出向く。その際に「労働者が派遣会社や派遣先にどんな扱いをされたら違法なのか」というレクチャーを人材派遣会社に義務づける。レク後のチェックテストまでさせた上で実施状況を監督官庁へ報告させる。

これなら税金を使わずに、派遣労働者が必要な正しい知識を共有できる。人材派遣会社や派遣先の違法行為は非常にわかりやすい。法律を知ってさえいれば「これは違法だ」という認識を仲間たちと共有できる。強い心を持って、その場での抗議や監督官庁への通報ができるだろう。この対策はその気になれば明日からでもできる。

私はこの取材で、日本の労働界があまりにも歪んでいることに驚愕した。今後もいち日雇い労働者として現場取材を続けるつもりだ。

最後に僭越ながらご忠告申し上げたい。

違法行為を日常的に行っている人材派遣会社のみなさま。派遣労働者を人間と思わない派遣先企業の社員のみなさま。違法人材派遣会社の中身をよく調べずに受注させる官公庁、団体、大手企業等のみなさま、どうかご注意召されよ。

今、あなたが罵声を浴びせている目の前の、髪が薄くて冴えないいかにも弱っちい中高年は、リュックに原稿用紙の束を隠し持った私かもしれませんよ。

（本書は、企画構成に関わった講談社現代新書『ウルトラマンが泣いている』（円谷英明著）、『向き合う力』（池上季実子著）に続き、講談社学芸部の丸山勝也さんにお世話になりました。深く感謝申し上げます）

講談社現代新書　2314

中高年《ちゅうこうねん》ブラック派遣《はけん》──人材派遣業界《じんざいはけんぎょうかい》の闇《やみ》

二〇一五年四月二〇日第一刷発行

著者　中沢彰吾《なかざわしょうご》

発行者　鈴木　哲

発行所　株式会社講談社
東京都文京区音羽二丁目一二―二一　郵便番号一一二―八〇〇一
電話　〇三―五三九五―三五二一　出版部（現代新書）
〇三―五三九五―五八一七　販売部
〇三―五三九五―三六一五　業務部

装幀者　中島英樹

印刷所　凸版印刷株式会社

製本所　株式会社大進堂

定価はカバーに表示してあります　Printed in Japan

N.D.C. 366　248p　18cm
ISBN978-4-06-288314-6

「講談社現代新書」の刊行にあたって

教養は万人が身をもって養い創造すべきものであって、一部の専門家の占有物として、ただ一方的に人々の手もとに配布され伝達されうるものではありません。

しかし、不幸にしてわが国の現状では、教養の重要な養いとなるべき書物は、ほとんど講壇からの天下りや単なる解説に終始し、知識技術を真剣に希求する青少年・学生・一般民衆の根本的な疑問や興味は、けっして十分に答えられ、解きほぐされ、手引きされることがありません。万人の内奥から発した真正の教養への芽ばえが、こうして放置され、むなしく滅びさる運命にゆだねられているのです。

このことは、中・高校だけで教育をおわる人々の成長をはばんでいるだけでなく、大学に進んだり、インテリと目されたりする人々の精神力の健康さえもむしばみ、わが国の文化の実質をまことに脆弱なものにしています。単なる博識以上の根強い思索力・判断力、および確かな技術にささえられた教養を必要とする日本の将来にとって、これは真剣に憂慮されなければならない事態であるといわなければなりません。

わたしたちの「講談社現代新書」は、この事態の克服を意図して計画されたものです。これによってわたしたちは、講壇からの天下りでもなく、単なる解説書でもない、もっぱら万人の魂に生ずる初発的かつ根本的な問題をとらえ、掘り起こし、手引きし、しかも最新の知識への展望を万人に確立させる書物を、新しく世の中に送り出したいと念願しています。

わたしたちは、創業以来民衆を対象とする啓蒙の仕事に専心してきた講談社にとって、これこそもっともふさわしい課題であり、伝統ある出版社としての義務でもあると考えているのです。

一九六四年四月　野間省一

政治・社会

1038 立志・苦学・出世――竹内洋
1145 冤罪はこうして作られる 小田中聰樹
1201 情報操作のトリック 川上和久
1365 犯罪学入門――鮎川潤
1488 日本の公安警察――青木理
1540 戦争を記憶する――藤原帰一
1742 教育と国家――高橋哲哉
1965 創価学会の研究――玉野和志
1969 若者のための政治マニュアル――山口二郎
1977 天皇陛下の全仕事――山本雅人
1978 思考停止社会――郷原信郎
1985 日米同盟の正体――孫崎享
2053 〈中東〉の考え方――酒井啓子
2059 消費税のカラクリ――斎藤貴男
2068 財政危機と社会保障――鈴木亘
2073 リスクに背を向ける日本人 山岸俊男 メアリー・C・ブリントン
2079 認知症と長寿社会――信濃毎日新聞取材班
2110 原発報道とメディア――武田徹
2112 原発社会からの離脱 宮台真司 飯田哲也
2115 国力とは何か――中野剛志
2117 未曾有と想定外――畑村洋太郎
2123 中国社会の見えない掟 加藤隆則
2130 ケインズとハイエク 松原隆一郎
2135 弱者の居場所がない社会 阿部彩
2138 超高齢社会の基礎知識 鈴木隆雄
2145 電力改革――橘川武郎
2149 不愉快な現実――孫崎享
2156 本音の沖縄問題――仲村清司
2157 冤罪と裁判――今村核
2176 JAL再建の真実――町田徹
2181 日本を滅ぼす消費税増税――菊池英博
2183 死刑と正義――森炎
2186 民法はおもしろい――池田真朗
2194 韓国のグローバル人材育成力――岩渕秀樹
2195 反教育論――泉谷閑示
2197 「反日」中国の真実――加藤隆則
2203 ビッグデータの覇者たち――海部美知

経済・ビジネス

1596 失敗を生かす仕事術　畑村洋太郎
1624 企業を高めるブランド戦略——田中洋
1628 ヨーロッパ型資本主義　福島清彦
1641 ゼロからわかる経済の基本——野口旭
1656 コーチングの技術——菅原裕子
1695 世界を制した中小企業　黒崎誠
1780 はじめての金融工学　真壁昭夫
1782 道路の経済学——松下文洋
1926 不機嫌な職場——高橋克徳 河合太介 永田稔 渡部幹
1992 経済成長という病——平川克美
2010 日本銀行は信用できるか　岩田規久男
2016 職場は感情で変わる　高橋克徳
2036 決算書はここだけ読め！——前川修満
2047 中国経済の正体——門倉貴史
2056 フリーライダー——河合太介 渡部幹
2061 「いい会社」とは何か　小野泉 古野庸一
2064 決算書はここだけ読め！キャッシュ・フロー計算書編——前川修満
2066 「最強のサービス」の教科書——内藤耕
2075 「科学技術大国」中国の真実——伊佐進一
2078 電子マネー革命——伊藤亜紀
2087 財界の正体——川北隆雄
2091 デフレと超円高——岩田規久男
2125 ビジネスマンのための「行動観察」入門　松波晴人
2128 日本経済の奇妙な常識　吉本佳生
2148 経済成長神話の終わり　アンドリュー・J・サター 中村起子 訳
2151 勝つための経営——畑村洋太郎 吉川良三
2163 空洞化のウソ——松島大輔
2171 経済学の犯罪——佐伯啓思
2174 二つの「競争」——井上義朗
2178 経済学の思考法——小島寛之
2184 中国共産党の経済政策　柴田聡 長谷川貴弘
2205 日本の景気は賃金が決める　吉本佳生

知的生活のヒント

78 大学でいかに学ぶか　増田四郎
86 愛に生きる――鈴木鎮一
240 生きることと考えること　森有正
327 考える技術・書く技術―板坂元
436 知的生活の方法――渡部昇一
553 創造の方法学――高根正昭
587 文章構成法――樺島忠夫
648 働くということ――黒井千次
722 「知」のソフトウェア―立花隆
1027 「からだ」と「ことば」のレッスン　竹内敏晴
1468 国語のできる子どもを育てる――工藤順一
1485 知の編集術――松岡正剛
1517 悪の対話術――福田和也
1563 悪の恋愛術――福田和也
1620 相手に「伝わる」話し方　池上彰
1627 インタビュー術！――永江朗
1679 子どもに教えたくなる算数　栗田哲也
1684 悪の読書術――福田和也
1729 論理思考の鍛え方―小林公夫
1865 老いるということ―黒井千次
1940 調べる技術・書く技術―野村進
1979 回復力――畑村洋太郎
1981 正しく読み、深く考える日本語論理トレーニング　中井浩一
2003 わかりやすく〈伝える〉技術――池上彰
2021 新版 大学生のためのレポート・論文術――小笠原喜康
2027 地アタマを鍛える知的勉強法――齋藤孝
2046 大学生のための知的勉強術――松野弘
2054 〈わかりやすさ〉の勉強法――池上彰
2083 人を動かす文章術――齋藤孝
2103 アイデアを形にして伝える技術――原尻淳一
2124 デザインの教科書――柏木博
2147 新・学問のススメ――石弘光
2165 エンディングノートのすすめ――本田桂子
2187 ウェブでの〈伝わる〉文章の書き方――岡本真
2188 学び続ける力――池上彰
2198 自分を愛する力――乙武洋匡
2201 野心のすすめ――林真理子

自然科学・医学

15 数学の考え方――矢野健太郎
1126 「気」で観る人体――池上正治
1138 オスとメス=性の不思議――長谷川真理子
1141 安楽死と尊厳死――保阪正康
1328 「複雑系」とは何か――吉永良正
1343 カンブリア紀の怪物たち――サイモン・コンウェイ・モリス 松井孝典 監訳
1349 〈性〉のミステリー――伏見憲明
1427 ヒトはなぜことばを使えるか 山鳥重
1500 科学の現在を問う 村上陽一郎
1511 優生学と人間社会――米本昌平 松原洋子 橳島次郎 市野川容孝
1581 先端医療のルール――橳島次郎
1598 進化論という考えかた 佐倉統

1689 時間の分子生物学――粂和彦
1700 核兵器のしくみ――山田克哉
1706 新しいリハビリテーション 大川弥生
1759 文系のための数学教室――小島寛之
1786 数学的思考法――芳沢光雄
1805 人類進化の700万年 三井誠
1840 算数・数学が得意になる本 芳沢光雄
1860 ゼロからわかるアインシュタインの発見 山田克哉
1861 〈勝負脳〉の鍛え方――林成之
1880 満足死――奥野修司
1881 「生きている」を見つめる医療――中村桂子 山岸敦
1887 物理学者、ゴミと闘う――広瀬立成
1891 生物と無生物のあいだ――福岡伸一

1925 数学でつまずくのはなぜか 小島寛之
1929 脳のなかの身体――宮本省三
2000 世界は分けてもわからない 福岡伸一
2011 カラー版ハッブル望遠鏡宇宙の謎に挑む 野本陽代
2023 ロボットとは何か――石黒浩
2039 ソーシャルブレインズ入門 藤井直敬
2097 〈麻薬〉のすべて――船山信次
2122 量子力学の哲学――森田邦久
2166 化石の分子生物学――更科功
2170 親と子の食物アレルギー――伊藤節子
2191 DNA医学の最先端 大野典也
2193 〈生命〉とは何だろうか 岩崎秀雄
2204 森の力――宮脇昭

心理・精神医学

331 異常の構造――木村敏
539 人間関係の心理学 早坂泰次郎
590 家族関係を考える――河合隼雄
645 〈つきあい〉の心理学 国分康孝
677 ユングの心理学――秋山さと子
725 リーダーシップの心理学――国分康孝
824 森田療法――岩井寛
914 ユングの性格分析 秋山さと子
981 対人恐怖――内沼幸雄
1011 自己変革の心理学――伊藤順康
1020 アイデンティティの心理学 鑪幹八郎
1044 〈自己発見〉の心理学 国分康孝
1177 自閉症からのメッセージ――熊谷高幸
1241 心のメッセージを聴く 池見陽
1289 軽症うつ病――笠原嘉
1372 〈むなしさ〉の心理学 諸富祥彦
1376 子どものトラウマ――西澤哲
1456 〈じぶん〉を愛するということ――香山リカ
1625 精神科にできること 野村総一郎
1752 うつ病をなおす――野村総一郎
1852 老後がこわい――香山リカ
1922 発達障害の子どもたち――杉山登志郎
1984 いじめの構造――内藤朝雄
2008 関係する女 所有する男――斎藤環
2030 がんを生きる――佐々木常雄
2049 異常とは何か――小俣和一郎
2076 子ども虐待――西澤哲
2085 言葉と脳と心――山鳥重
2090 親と子の愛情と戦略 柏木惠子
2101 〈不安な時代〉の精神病理――香山リカ
2105 はじめての認知療法――大野裕
2116 発達障害のいま――杉山登志郎
2119 動きが心をつくる――春木豊
2121 心のケア――加藤寛 最相葉月
2143 アサーション入門――平木典子
2160 自己愛な人たち――春日武彦
2180 パーソナリティ障害とは何か――牛島定信

日本語・日本文化

105 タテ社会の人間関係　中根千枝
293 日本人の意識構造——会田雄次
444 出雲神話——松前健
1193 漢字の字源——阿辻哲次
1200 外国語としての日本語——佐々木瑞枝
1239 武士道とエロス——氏家幹人
1262 「世間」とは何か——阿部謹也
1432 江戸の性風俗——氏家幹人
1448 日本人のしつけは衰退したか——広田照幸
1738 大人のための文章教室　清水義範
1943 なぜ日本人は学ばなくなったのか——齋藤孝
2006 「空気」と「世間」——鴻上尚史
2007 落語論——堀井憲一郎
2013 日本語という外国語　荒川洋平
2033 新編　日本語誤用・慣用小辞典　国広哲弥
2034 性的なことば——井上章一・斎藤光・澁谷知美・三橋順子　編
2067 日本料理の贅沢——神田裕行
2088 温泉をよむ——日本温泉文化研究会
2092 新書　沖縄読本——下川裕治・仲村清司　著・編
2126 日本を滅ぼす〈世間の良識〉——森巣博
2127 ラーメンと愛国——速水健朗
2133 つながる読書術——日垣隆
2137 マンガの遺伝子——斎藤宣彦
2173 日本人のための日本語文法入門——原沢伊都夫
2200 漢字雑談——高島俊男